JICA
海外協力隊から
社会起業家へ

共感で社会を変える

GLOCAL INNOVATORs

独立行政法人
国際協力機構（JICA）
青年海外協力隊事務局長
橘 秀治
編・著

文芸社

JICA海外協力隊員としてウガンダで活動した坪井 彩さん。井戸水の料金回収ができないために井戸が壊れて放置されている状況を目の当たりにし、隊員活動中に従量課金型の自動井戸水料金回収システムを考案、その後、起業した（本文15頁から）。
写真上・隊員時代：ウガンダの住民会議で説明する坪井さん（写真提供＝坪井さん）、写真下・現在：おのおののIDタグをかざすと、チャージした料金分の水が汲める井戸（撮影＝橘 秀治）

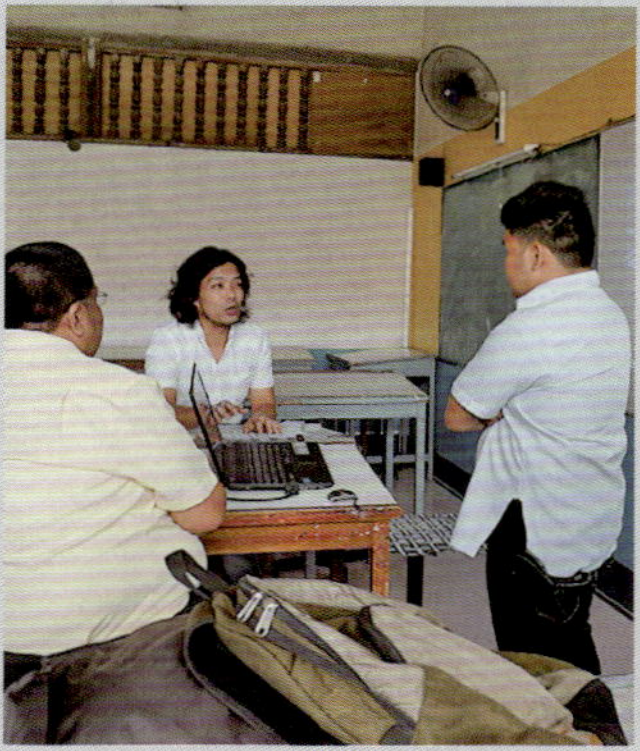

JICA海外協力隊員としてフィリピンで活動した徳島 泰さん。安価な炭水化物しか食べられなかった結果、糖尿病を患い、足を切断するしかない人が途上国に多くいることを知り、隊員時代に3Dプリント義足の試作品を製造、その後、起業した（本文47頁から）。
写真上・隊員時代：市民工房設立に向けミーティングをする徳島さん（写真提供＝徳島さん）、写真下・現在：フィリピンの3Dプリント義足使用者と（写真提供＝インスタリム）

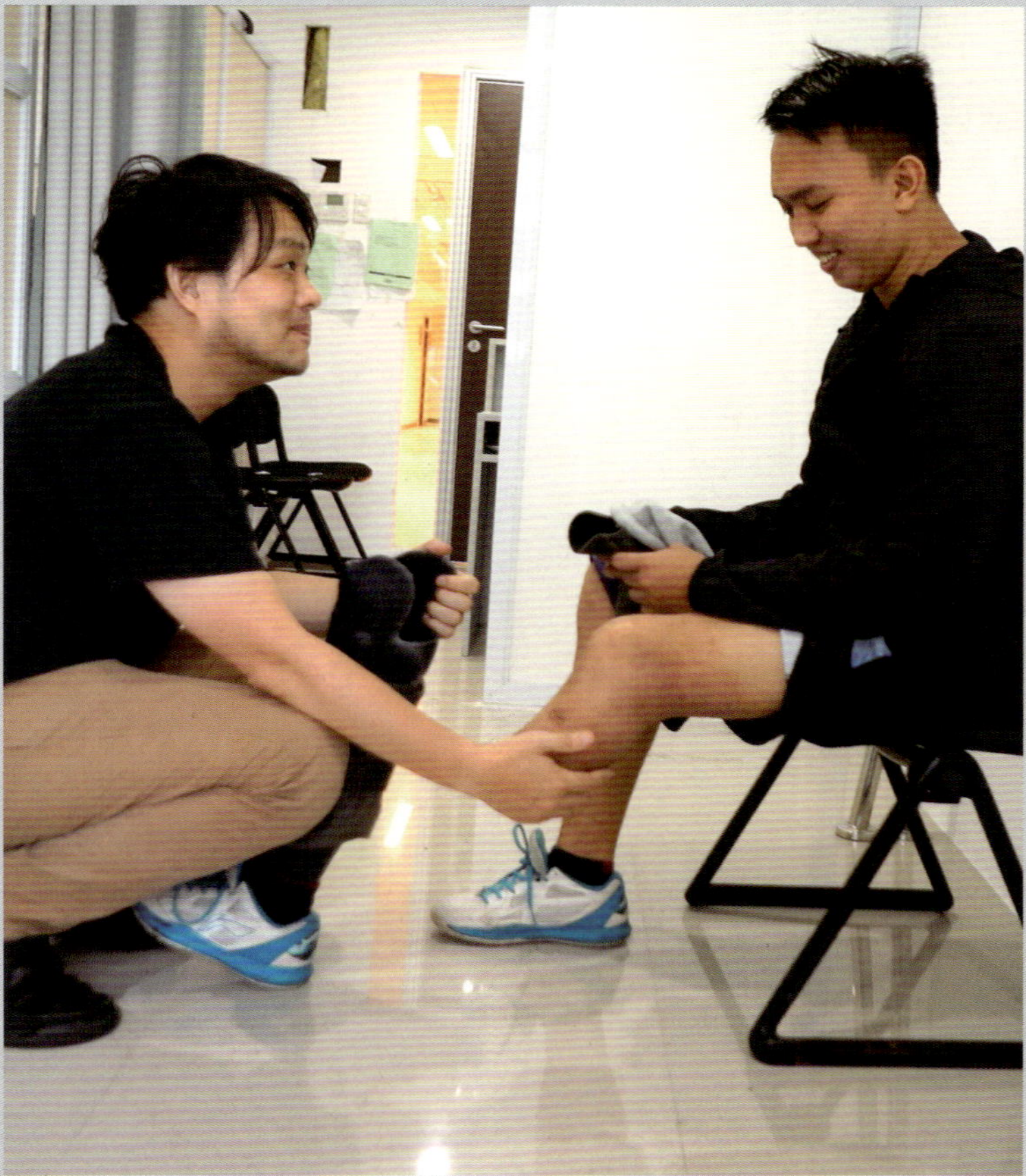

JICA海外協力隊員としてマレーシアの特別支援クラスを巡回指導した奥 結香さん。開催した大規模な特別支援教育のフォーラムで、誰もが居心地よく過ごせる社会を創るには地域の力が必要と実感した。現在、二つの多機能型交流拠点を運営（本文75頁から）。
写真上・隊員時代：障害のある子どもたちの学校で（写真提供＝奥さん）、写真下・現在：地域のさまざまな人が集う多機能型交流拠点（撮影＝干川美奈子）

JICA海外協力隊員としてルーマニアの小学校で日本文化を教えた新居みどりさん。活動とは別にロマの子どもたちへの支援を行った。これが原点となり、現在CINGAのコーディネーターとして、日本国内の外国人支援や多文化共生を行っている（本文105頁から）。
写真上・隊員時代：ルーマニアでは協力隊活動とは別にロマの子どもたちの新聞配達プロジェクトも行った（写真提供＝新居さん）、写真下・現在：CINGAではプロジェクトごとにチームを組み仕事を行う。新居さんは各チームのコーディネーターの繋ぎ役だ（撮影＝干川美奈子）

JICA海外協力隊員としてインドネシアの農村で農業支援を行った田谷 徹さん。インドネシアのために尽くしたいと「農園たや」を設立。インドネシアの技能実習生／特定技能外国人を受け入れ、育成しながら農業を通じた地域の活性化を図る（本文133頁から）。
写真上・隊員時代：指導にあたった農家の方々と田谷さん（写真提供＝田谷さん）、写真下・現在：インドネシア人スタッフも日本人スタッフも共に汗を流す（撮影＝干川美奈子）

JICA海外協力隊員としてエチオピアの子どもたちにスポーツを通じた教育指導を行った栗野泰成さん。任地で物乞いをさせられている子どもたちの存在を知り、日本を振り返り、帰国後、日本の貧困による“選択格差”是正を目指す（本文163頁から）。
写真上・隊員時代：子どもたちにサッカーを教えたり、他の協力隊員らと連携し大運動会を実施（写真提供＝栗野さん）、写真下・現在：あだちキッズカフェを利用する子どもたちと（写真提供＝チョイふる）

JICA海外協力隊員としてパナマの山間部の村々を巡回し農業支援を行った矢島亮一さん。パナマで日本人が忘れてしまった農業文化や家族の大切さに気づく。帰国後、日本の農村と海外を繋ぎながら国際協力活動をするため起業（本文191頁から）。
写真上・隊員時代：村々では共に働く仲間として迎え入れられた（写真提供＝矢島さん）、写真下・現在：自然塾寺子屋で企画・運営する「田植えまつり交流会」の参加者と（写真提供＝自然塾寺子屋）

はじめに

独立行政法人国際協力機構（ＪＩＣＡ）
青年海外協力隊事務局長　橘　秀治

本書は、青年海外協力隊をはじめとするＪＩＣＡ海外協力隊事業を紹介することを主目的としていない、と同事務局長の私が申し上げると驚かれるかもしれない。

本書はＪＩＣＡ海外協力隊を経験した方々がその経験も生かしながら日本国内外の社会課題の解決や、ＳＤＧｓ（Sustainable Development Goals）への貢献に如何に取り組んでいるのかという実例を紹介することにより、地方創生や多文化共生社会へどのように取り組んでいけばよいかというヒントを提供することを目的としている。

何故、このようなことを思いついたのかというと、一言でいえばＪＩＣＡ海外協力隊を経験した後、国内外で社会課題を解決するために起業する方が増えているからである。起業の形態は様々で、３Ｄプリンターを活用し品質の高い義足を安価に早く提供する企業を立ち上げた方、過疎が進む地方で高齢者や障害者が安心して過ごせる地域の拠点を運営するＮＰＯ法人を立ち上げた方、外国人材がイキイキと活躍できる農園を立ち上げた方など多種多様である。彼らに共通しているのはＪＩＣＡ海外協力隊員として海外の現場で様々なことを経験し、その経験を生かしながらも今度は地域の視点も持ちながら「グローバル」×「ローカル」で新たな変革を起こして活躍しているという点である。

少子化、高齢化、人口減少、過疎化、外国人材の受け入れ、ダイバーシティ、事業継承などなど日本の社会課題が山積するなか、日本は課題先進国から課題解決先進国になっていかなければならない。また、２０１５年9月の国連サミットで加盟国の全会一致で採択された「持続可能な開発のための２０３０アジェンダ」では、２０３０年までに持続可能でよりよい世界を目指す持続可能な開発目標（ＳＤＧｓ）が設定された。ＳＤＧｓは発展途上国のみならず、先進国自身が取り組むユニバーサル（普遍的）なものであり、日本としても積極的に取り組んでいく必要がある。そのような時に、このような若者たちによる実践が増え、日本各地で活躍していくことが不可欠である。逆に言えば、このような若者が増えることで日本社会の変革や、ＳＤＧｓ達成に向けた取り組みは加速していくと思われる。

今回本書で取り上げるのは特別な人の取り組み事例ではない。どちらかというと一つひとつは地道で小さな取り組みであるかもしれない。しかし、共通して言えるのはグローバルとローカルの両方の視点を持ちながら、どの人も楽しんでイキイキと活動していること、何らかの社会課題の解決に向けて取り組んでいることである。決して自己の利益のためではなく、誰かの役に立ちたいという「利他」の精神の方が強いため、各取り組み事例を読んでいて心が温かくなると同時に自分自身にも力が湧いてくるのではないだろうか。また、同時に経済面だけではなく豊かな生き方ができる社会とは、どのようなものなのか考えさせられる。2050年、2100年の日本や世界を形づくっていく上で、彼らの取り組みにはたくさんの示唆がある。社会課題の解決に取り組みたい、SDGsに貢献したいけれども何をどう取り組んでいいのかわからないという若者に是非、本書を読んでいただきたい。また、将来何をやりたいか悩んでいる方にもお勧めである。彼らの実践は必ず参考になる。

また、グローバルな視点を持つためには留学や海外でのインターンシップ、ボランティア参加、海外旅行などいろいろな手段があるが、その一つとしてJICA海外協力隊への参加という選択肢も勧めたい。JICA海外協力隊の魅力は、独立行政法人国際協力機構（JICA）が実施するボランティア事業であることから、その制度や安全管理体制がしっかりとしており、安心して参加できる点であると言える。加えて、JICA海外協力隊は現地の住民と同等程度の生活水準で生活しながら、現地の社会課題の解決に取り組んでいく。しかも、国籍も人種も生活様式も価値観も異なる人間と広く関わり、異文化のなかで自分自身が「外国人＝マイノリティ」として様々な壁にぶつかりながら活動していくことになる。このような成長機会は国内では得難いものであり、大きく成長して帰国してくる若者が多い。

この事業にはいろいろな価値があるが、最も重要なことの一つは日本の未来を支えていく人材を育成しているという点である。政府が主催している「未来人材会議」においては、これからの時代に必要となる能力やスキルは、基礎能力や高度な専門知識だけではなく、次の社会を形づくる若い世代に対しては、

①常識や前提に捉われずに、ゼロからイチを生み出す能力
②一つのことを掘り下げていく姿勢
③グローバルな社会課題を解決する意欲
④多様性を受容し、他者と協働する能力

といった、根源的な意識・行動面に至るものが求められるとされている（※1）。また、「教育未来創造会議」では未来を支える人材を〝好きなことを追究して高い専門性や技術力を身につけ、自分自身で課題を設定して、考えを深く掘り下げ、多様な人とコミュニケーションをとりながら、新たな価値やビジョンを創造し、社会課題の解決を図っていく人材〟としている（※2）。これはまさしく協力隊員が開発途上国の知らない土地に行って実践していることそのものなのだ。協力隊員たちは、自ら課題を設定し、様々な人とコミュニケーションを取り、見ず知らずの土地で人間関係を構築し、小さくとも新たな取り組みにチャレンジする。

その過程において、隊員たちはある程度の小さな失敗が許される環境で精一杯活動し、程度の差こそあれアニマルスピリット（野心的な意欲）が培われる。すなわち、協力隊事業は途上国のためだけでなく、日本に必要な未来の人材を育てており、そのような若者たちが帰国してから様々な分野や地域で活躍しているのだ。

このＪＩＣＡ海外協力隊事業についてこの場を借りてごく簡単に紹介しておきたい（２０２４年6月時点）。ＪＩＣＡ海外協力隊は日本政府の政府開発援助（ＯＤＡ）により、独立行政法人国際協力機構が実施する事業で、開発途上国からの要請に基づき、それに見合った技術・知識・経験を持ち「開発途上国の人々のために生かしたい」と望む日本人を募集し、選考、訓練を経て派遣するものである。１９６５年に青年海外協力隊事業として創設され、20歳〜39歳の青年が対象であったが、時代の変遷とともに幅広い国民参加型の事業へと発展し、現在は20歳〜69歳まで参加可能となっている。これまで99カ国に5万６０００人以上の方が派遣されており、２０２５年に発足60周年を迎えようとしている。ボランティア事業の

※１　出典：経済産業省ウェブサイト　未来人材ビジョン　20220531001-1.pdf(meti.go.jp)
※２　出典：内閣官房ウェブサイト　教育未来創造会議提言　第一次提言のポイント　cas.go.jp/jp/seisaku/kyouikumirai/pdf/dai1ji_teigen_ver2.pdf

目的は「開発途上国の経済・社会の発展、復興への寄与」「異文化社会における相互理解の深化と共生」「ボランティア経験の社会還元」の三つである。相手国の人々とともに生活し、現地の言葉を話し、ともに活動して社会課題の解決に取り組む活動は、相手国政府や現地の人々から高く評価されている。

ＪＩＣＡ海外協力隊（長期派遣）およびＪＩＣＡ海外協力隊（短期派遣）には、広く応募が可能な「一般案件」と、一定以上の経験・技能などが必要な「シニア案件」の二つの応募区分がある。

■一般案件　青年海外協力隊　20〜45歳の方／海外協力隊　46〜69歳の方

■シニア案件　シニア海外協力隊　20〜69歳の方

アジア・アフリカ・中南米・大洋州・中東・欧州地域の人々のために、自分の持っている技術や経験を生かしてみたい。そうした強い意欲を持っている方が、現地の人々と同じ言葉を話し、ともに生活・協働しながら開発途上国の国づくりのために協力している。

また、中南米の日系社会の人々と、ともに生活・協働しながら地域の発展のために協力する案件もある。簡単に整理すると次のとおり。

■一般案件　日系社会青年海外協力隊　20〜45歳の方／日系社会海外協力隊　46〜69歳の方

■シニア案件　日系社会シニア海外協力隊　20〜69歳の方

中南米の日系社会で、自分の持っている技術や経験を生かしてみたい。そうした強い意欲を持っている方が、日系人、日系社会の人々と、ともに生活・協働しながら中南米地域の発展のために協力している。

ＪＩＣＡ海外協力隊員には、派遣される国の要請内容に沿った職種が決められている。「計画・行政」「農林水産」「鉱工業」「人的資源」「保健・医療」「社会福祉」「商業・観光」「公共・公益事業」「エネルギー」と九つの分野のなかに小学校教育、看護師、コミュニティ開発、環境教育、日本語教師、野球やサッカーなど各種スポーツ指導、マーケティングなど１８０以上の職種がある。通常、春と秋の年2回募集が行われるため、関心ある方はオンラインでも開催している募集説明会に参加していただきたい。合格者は派遣前に語学を中心とする訓練を受けてから出発するため、語学に自信のない方でもチャレンジできる。

ＪＩＣＡ海外協力隊の活動は自発的参加の精神に基づき行われるが、受け入れ国での活動をよりスムーズで効果的なものにするため、ＪＩＣＡ海外協力隊員には現地生活費、往復渡航費、現地業務費などが支給される。また、「現職参加」として休職措置などで身分を所属先に残したまま参加される方には、その所属先に雇用継続を支援するための「現職参加促進費」を支給し、無給休職または無職で参加される方には、派遣前訓練中や派遣中に国内で必要な経費などに役立てるために各種の手当・制度がある。加えて、帰国後の教育訓練手当／奨学金制度、教員・自治体職員採用試験特別措置、起業支援、国連ボランティアへの推薦制度など帰国後の支援も充実している。このようにＪＩＣＡ海外協力隊事業も時代の変化に合わせて進化しているので、最新の情報および詳細は巻末のＪＩＣＡ海外協力隊ウェブサイトをご覧いただきたい。

さて、次章からＪＩＣＡ海外協力隊員として開発途上国で活動した後、日本国内で地方創生や多文化共生に奮闘する者、再び開発途上国に赴き社会課題の解決に取り組む若者たちの実践例を紹介していく。いずれのケースも日本国内で類似の取り組みをされている方や社会起業家を目指している学生の皆さんなど、社会課題の解決に取り組みたいという思いを持っているすべての方に参考になるので、是非お読みいただきたい。

CONTENTS

はじめに　1

CASE1

ものづくりの力で、アフリカの人々が安全な水にアクセスできる社会

ウガンダからアフリカの水問題の解決へ
「井戸の維持管理システムを開発・普及」

株式会社Sunda Technology Global
（現地法人Sunda Technologies Uganda Ltd.）
代表取締役　坪井 彩さん
JICA海外協力隊の派遣国：ウガンダ　職種：コミュニティ開発
派遣期間：2018年1月～2019年1月・福井県出身

15

CASE2

低価格・高品質な3Dプリント義肢装具で、足を切断した人たちの貧困の連鎖を止める

アジアから下肢障害者の生活を支える「世界初の3Dプリント義足」

インスタリム株式会社
代表取締役CEO　徳島 泰さん
JICA海外協力隊の派遣国：フィリピン　職種：デザイン
派遣期間：2012年6月〜2014年12月・京都府出身

47

CASE3

地域の力で創る、ひとりぼっちをつくらない地域・社会

大分県竹田市から始まるインクルーシブな社会「誰もが居心地よく過ごせる多世代・多機能交流拠点」

75

NPO法人Teto Company
理事長　奥 結香さん
JICA海外協力隊の派遣国：マレーシア　職種：障害児・者支援
派遣期間：2014年10月〜2016年10月・大分県出身

CASE4

専門家の力で、存在を認め合い手を取り合える多文化共生社会

東京都千代田区から誰もが暮らしやすい社会を目指す
「外国人支援を行う全国からの相談に対応」

NPO法人 国際活動市民中心（CINGA）
コーディネーター　新居みどりさん
JICA海外協力隊の派遣国：ルーマニア　職種：青少年活動
派遣期間：1999年4月〜2001年4月・京都府出身

CASE5
外国人との共生&共働で築き上げる、日本と海外との新しい社会
福井県から農業を通じた多文化共生
「インドネシアの若者の未来を育て、日本の農業の未来の土台づくりを」
株式会社農園たや
代表　田谷 徹さん
JICA海外協力隊の派遣国：インドネシア　職種：食用作物・稲作
派遣期間：1997年12月〜2000年12月・福井県出身
133

CASE6
つながり支える力で、生まれ育った環境にかかわらず子どもが将来に希望を持てる社会
東京都足立区から〝選択格差〟の是正を目指す
「生活困窮家庭へ向け食材配達をツールに居場所と情報を提供」
163

CASE7

若者が「農業・農村はかっこいい」と思い、地域の豊かさを感じられる社会

群馬県甘楽富岡地域から世界とつながる
「農村研修・体験を通じて日本と世界の未来を育てる」

NPO法人自然塾寺子屋、株式会社自然塾寺子屋
代表　矢島亮一さん
JICA海外協力隊の派遣国：パナマ　職種：村落開発普及員
派遣期間：1999年4月〜2001年4月・群馬県出身

一般社団法人チョイふる
代表理事　栗野泰成さん
JICA海外協力隊の派遣国：エチオピア　職種：体育
派遣期間：2014年10月〜2016年9月・鹿児島県出身

【凡例】

※本書の内容、組織名、役職などは取材時点のものです。

※本書内のJICA海外協力隊参加者の氏名の後ろに記載しているのは（派遣された国名／職種名／派遣時に付与される隊次名）です。

※本書内の隊員OVとは、Old Volunteerの路で、帰国したJICA海外協力隊員を指します。

目指すのは ものづくりの力で、アフリカの人々が安全な水にアクセスできる社会

株式会社Sunda Technology Global
（現地法人Sunda Technologies Uganda Ltd.）
代表取締役　坪井 彩さん

JICA海外協力隊の派遣国：ウガンダ　職種：コミュニティ開発
派遣期間：2018年1月〜2019年1月・福井県出身

ウガンダからアフリカの水問題の解決へ「井戸の維持管理システムを開発・普及」

途上国が水問題から解放される未来へ

なぜ重要な水源であるはずの井戸を修理するためのお金が住民から集められないのか――そんな素朴な疑問を出発点に、単身ウガンダに渡り、アフリカの水問題を解決するために起業した人がいる。株式会社Sunda Technology Globalの代表取締役CEOの坪井《つぼい》彩《あや》さんだ。

坪井さんが協力隊員として初めてアフリカ東部に位置するウガンダ共和国(以下、ウガンダ)を訪れたのは2018年のこと。長年、国際社会からの莫大な援助を受け、ウガンダの農村部には約6万基のハンドポンプ式の井戸が設置されており、村の人々の半数はその井戸に頼って生活をしていた。しかし、6万基のハンドポンプのうち、約1万基は壊れており、残りの約5万基も適切な維持・管理がされないままで、今後も使えるとは言い難い状況だった。壊れてしまった1基のハンドポンプを修理するためには村の代表が各家庭を回って料金を回収する必要があるが、うまくいっていたのは2割以下。一度ポンプが壊れてしまうと、修理までに数カ月から数年かかるため、結局、村の人たちは不衛生な溜池の水を汲んで生活していた。

そんな現地のリアルを見つめ、井戸の維持管理と料金回収の難しさに着目した坪井さんは、誰もが公平に、「従量課金型」で簡単に、確実に水代を支払うことができる自動井戸水料金回収システム「SUNDA《スンダ》」を開発し、普及に努めている。

SUNDAが導入された村では、住民たちに安全な水と平穏がもたらされた。住民たちは、自分が支払った分だけの安全な水が使えるようになり、たとえ井戸が壊れても修理されることが当たり前となった。修理費の回収担当者は悪夢のような回収作業や村人たちとの対立から解放された。

SUNDAという名は、現地の言葉で汲み上げるという意味だと坪井さんは話す。

「井戸に行くと村の人たちが、スンダ！　スンダ！　スンダ！　と言いながら素早くハンドポンプを押して水を汲んでいます。それでいつの間にか、プロダクト名になり、企業名になりました」

画期的なアイデアが形になった後の世界を思い描き、その世界が実現するまで休みなく働き続ける坪井さん。活動の主眼は、ウガンダ、そしてアフリカの水問題を解決すること。今やSUNDAは、誰もが公平に、安全な水にアクセスできる井戸のシステムそのものであり、途上国が水問題から解放される未来の象徴だ。

やりたいことを追求し、〝海外〟に目覚める

坪井さんは1988年、福井県に生まれた。地元の小学校に通っていた頃から理科が好きで、奈良女子大学理学部物理科学科を卒業した後は京都大学大学院理学研究科に進んだ。そこで、「物理自体を研究するよりも、物理学を使って何かを研究する方が自分には合っている」と感じ、理論物理学からより身近な物理現象である気象学に転向。在学中の研究過程において バングラデシュを訪れ、インド洋の真ん中に浮かんだ船の上で1カ月過ごしたことが、海外に興味を持つきっかけとなったと振り返る。

「それまでは日本がすべてでした。家が裕福ではなかったので海外旅行に行くという選択肢もなかったですし、海外に目を向けるような意識も機会もまったくありませんでした。ところが、バングラデシュの空港に降り立った瞬間からすごく新鮮な気持ちになって。雰囲気も文化も生活も日本と全然違う、途上国って興味深い、別の国の人と交流するってなんて面白いのだろうと思いました」

就職先として選んだのは大阪に本社のある大手電機メーカー、パナソニック株式会社（以下、パナソニック）。就職活動中、面接を重ねるなかで、ここなら本当に海外に行くチャンスがありそうだと感じたからだ。実際、情報システム部門でデータ分析コンサルタントとして勤務しはじめると、すぐに中国やアメリカなどの案件を任されるようになった。もっと海外に関わりたいと、２０１６年と２０１７年には、社内で開催された「パナソニックイノベーションワークショップ」に参加。新興国・途上国の課題を知り、その課題解決に繋がる自社のビジネスアイデアを3カ月間かけて検討していくというプロセスのなかで、新事業をあれこれ考える面白さに目覚めていった。

それまで遠い世界だったアフリカの社会課題を、ビジネスによって解決できる可能性があることを知った坪井さんは、いつか途上国で社会課題を解決するための事業をつくりたいと考えるようになった。しかし、遠隔で事業を考えるのは限界がある。現場を知らなければ説得力がないのではないか。そう自問自答していたときに目に留まったのが途上国向け人材を育てるトレーニングプログラムの募集だった。会社に籍を置いたまま、国際協力機構（ＪＩＣＡ）青年海外協力隊員として途上国に1年間派遣され、その後、海外の販売会社で2年間勤務するのだという。行く先は、カンボジア、ミャンマー、ウガンダ、ケニアなど6コースのなかから選べた。

「すごく迷いました。海外に行きたいといっても、会社を辞めてヨーロッパに行くことを勧めてくれる先輩もいましたし、他の社内募集に応募することもできました。そのままIT部門にいればデータ分析の分野で活躍できる未来も見えていたので、わざわざキャリアを中断してまで挑戦すべきかという迷いもありました。でも、どうやら今の部門で海外勤務になることはなさそうだとわかり、やりたいことがあるなら〝今〟やればいいのでは?と、踏み出すことに決めました」

坪井さんが選んだのは、ウガンダで協力隊活動を行い、その後、南アフリカの販売会社に勤務するというコース。「特殊言語ではなく、英語を話す国がいいと思ったのです。実際は、ケニアやドバイでも英語が使われていますが、当時はそんなことすら知りませんでした」。

素朴な疑問から現地の現実を知る

ウガンダは赤道直下に位置する東アフリカの内陸国で、日本の本州くらいの大きさだ。人口は4427万人(2019年時点)。農業大国でバナナやコーヒー豆の一大生産地でもある。標高と日照率が高く、涼しくて過ごしやすい。約2カ月間の派遣前訓練を経て、坪井さんは、2018年1月、コミュニティ開発隊員(水の防衛隊)として、ウガンダの地方県庁に配属された。水の防衛隊とは、水と衛生に関する課題に取り組むボランティアのことで、安全な水へのアクセスの強化や井戸の管理方法の指導、衛生啓発活動を行う。そこで坪井さんは、具体的に何を期待されているのかを知ろうと、県庁職員にミーティングの開催を要望した。

「ところが出てきたのは、車が欲しい、ハンドポンプの修理用工具セットが欲しい、日本に行きたいといった話ばかり。結局モノが欲しいだけなのかと思いました。今となっては彼らの気持ちもわかりますが、当時は赴任したばかりだったので、これは困ったなと。ひとまず具体的な要望がないことだけはわかったので、こちらから提案して反応を見ながら進めていくことにしました」

その言葉通り、任期中の坪井さんは様々な活動を試みた。現地で収穫される果物を使ったミックスジュースの生産・販売、メイズ（トウモロコシ）の芯を原料にしたブリケットの生産、さらに道端に大量に捨てられているペットボトルを回収してリサイクル業者に販売するなど、収入向上のための仕組みづくりを行った。

一方で、坪井さんにはどうしても知りたいことがあった。実は、坪井さんは派遣前訓練の授業で、なぜ井戸の維持・管理ができないのかという疑問を抱いていた。ＪＩＣＡは１９９０年頃からウガンダに対してハンドポンプ付き井戸の建設を支援していたが、井戸の設置後、壊れた際に修理をするのは住民の役割となっていた。ところが、住民から修理費が集まらないためにそのまま放置されてしまうという事例が報告されていた。そこで、井戸の維持・管理もＪＩＣＡの支援対象となったが、先輩隊員の報告書を読んでも、アフリカにおける井戸の維持・管理は困難を極めるという話だった。

「貴重な水を得るための井戸なのに、なぜ修理するための料金が回収できないのか、すごく不思議でした」

赴任後も行く先々で壊れた井戸が放置されている光景を見た。そこで、坪井さんはいろいろな村に足を運び、井戸の状況を聞いて回った。ある日、仲良くなった村のリーダーから、井戸が壊れたのでなんとかしてほしいと頼まれた。住民会議を開くと、井戸修理のためのお金をきちんと集めようということで話がまとまった。ところが、後日、井戸修理費を回収するという村のリーダーに同行すると、「今は主人がいないから払えない」「子どもが病気でお金がない」「学校の費用がかかる」「なんで払わないといけないんだ！」などと口々に言われ、門前払いされるばかり。村の総意で決まったことにもかかわらず、結果的に半数以上の世帯がお金を払わなかった。

「一軒一軒、家を訪ね歩いているのに、とにかくお金がないからと、それぞれがいろんな言い訳をしてお金を払ってくれないんです。こちらは何も悪いことをしていないのに嫌な顔をされるし、二度とやりたくないと思いました」

結局、坪井さんがお金を寄付して井戸の修理が行われたが、数カ月後、その井戸は再び壊れてしまったという。

問題の本質は住民の不公平感

活動地であるゴンバ県で調査したところ、ハンドポンプ式の井戸がある200以上の村のうち、うまく料金が回収できていた村は一つだけだった。たとえ目の前にある井戸が壊れてしまっても、近くの溜池や遠くの井戸まで水を汲みに行けば、飲み水や生活用水は得ることができる。そのため、村人たちはあまり危機感を抱いていないようだった。しかし、溜池の水には泥や病原菌、野生動物の糞尿などが混ざっており、下痢や病気を引き起こす原因となる。特に抵抗力の弱い幼い子どもの場合、下痢による脱水症状で命を落としてしまうことが少なくない。実際、坪井さんが溜池の水の水質検査を実施した際には多量の大腸菌が検出された。

遠くの井戸まで水を汲みに行こうとすれば、距離が遠ければ遠いほど時間がかかる。しかも多くの場合、水汲みを担うのは女性や子どもたちだ。学校に行く時間を削り、1日2回何時間も歩いて水汲みに費やすことになり、子どもたちは勉強を続けられなくなっていく。20～40リットルもの水の入ったポリタンクを持って長時間歩くことが難しければ、バイクに乗った若者からお金を払って水を買うこともできるが、料金は通常の10倍以上だ。つまり、安全な水にアクセスできないということは、衛生面、健康面だけでなく、経済面、教育面にも大きな影響を与える。

これはなんとかしなければと考えた坪井さんは、再度住民会議を開き、住民たちの話を丁寧に聞くことにした。すると、住民が修理費を払わないのは貧困のためではなく、料金回収の不公平感やお金の管理方法の不信感によることがわかった。

通常、一つの村には100世帯ほどが住んでいて、政府や援助機関によって設置された1基のハンドポンプ式井戸を共有している。井戸が設置されると、その維持管理は住民に委ねられるが、多くの場合は村人のなかから選ばれた数人で組織される井戸管理委員会が、毎月決められた額を各世帯から回収する。その額は一家庭につき月額2000ウガンダ・シリング（日本円で約72円）で、劣化や破損などでハンドポンプが壊れた場合に修理費として充てられる。しかし、家庭によって使う水の量は異なり、季節によってもばらつきがある。それにもかかわらず一律でお金を払わなければならないことや、お金を払っていない家庭でも井戸が利用できてしまうことへの不満があったという。さらに、修理費の回収者（ケアテイ

ものづくりの力で、アフリカの人々が
安全な水にアクセスできる社会

SUNDAが設置されたことで、子どもたちが遠くの川へ水汲みに行かなくてもよくなった（撮影＝橘 秀治）

カー）が突然いなくなったり、横領したりするなど、集めたお金の管理に対する不信感もあった。お金を回収する担当者にかかる精神的負担も大きく、担当になってもすぐに辞めてしまったり、住民と対立してしまったりする問題もあった。住民のなかからは、水を汲んだポリタンク1個当たりの料金を徴収した方がいいのではないかというアイデアも出たが、誰かが一日中井戸の前に立ち、汲んだ水の量を正しくカウントし、現金を管理するのは無理があった。

「とにかく現金がネックになっているのだと感じました」

そこで坪井さんが考えたのが、モバイルマネーを利用した料金回収の仕組みだ。ポイントとなるのは、井戸の使用料金を月額定額制から従量課金制に変更し、現金ではなくプリペイド式のモバイルマネーでキャッシュレス決済ができるようにすること。従量課金をチェックするために、井戸には水量を測り、利用した水量データをサーバーに送る装置（オレンジボックス）と、それを維持するためのソーラーパネルとバッテリーを設置する。この装置を設置した井戸の利用者には、IDとなるタグを1世帯に一つ配る。このIDにモバイルマネーをチャージし、オレンジボックスにIDタグを挿入すれば水を汲むことができる。IDにチャージされた残高からは、汲んだ水の分だけが差し引かれるというわけだ。ちなみに、水20リットル当たりは25ウガンダ・シリング（日本円で1円以下）で、ウガンダの一般家庭でも決して高くない金額だといえる。むしろ、もっと高額な携帯電話料金は毎月払っているという家庭が多いのが現状だ。

モバイルマネーはウガンダでも普及しており、都市部では成人の9割、農村部でも2〜3割の人が使っていた。たとえ、スマホや携帯電話を持っていない世帯でも、自分のＩＤさえ持っていれば、村の誰かにスマホを借りて支払うことができる。モバイルマネーがチャージされていないＩＤタグを挿入しても水は出ないようにし、いつ、誰が水を汲んだのかという情報をサーバーに送ることで、ウェブ上でモニタリングして可視化すれば不正はできない。何より、モバイルマネーでチャージした分だけ水を汲めるようになれば不公平感は生まれないはずだ。さっそく住民会議でコンセプトを提案してみると、村の住民たちは「それが欲しい！」と賛同してくれた。

村の人たちの声援と感謝を胸に起業を決意

赴任して半年、取り組むべき課題を見つけた坪井さんは、まず自分のアイデアを具現化してくれるエンジニア探しに奔走した。まずは、ウガンダで起業していた日本人にお願いし、ウガンダ人のエンジニアを紹介してもらった。最初に出会ったメカニカルエンジニアのサムソンさんはのちの共同創業者の一人だ。しかし、坪井さんのアイデアを形にするには、ハードウェアだけでなく、ソフトウェアの知識も必要となる。二人目のエンジニア探しは難航を極めた。「これくらい簡単にできる」というエンジニアに出会っても、実際に井戸に行って作業してみると一向に進まない。別のエンジニアを紹介してもらい、また井戸に行く。そんなことを繰り返し、やっと出会えたのがもう一人の共同創業者、アブドゥルさんだ。理想のエンジニアを探し当てるのに実に5カ月を費やした。

それから半年間、二人のエンジニアとともに坪井さんは、開発拠点のある首都・カンパラと村を行ったり来たりしながら機器の開発に明け暮れた。夜遅くまで作業し、村の井戸に行って機器を設置し、不具合を見つけては持ち帰り、また調整しての繰り返し。クリスマス期間中も徹夜して働き、給料はほとんど払えず、交通費などの経費はすべて自分持ち。先の見えない日々の果てにようやく初号基を設置できたのは、任期終了直前の2019年1月初旬のことだった。

「完成したときはほっとしました。村の人たちの要望に応えられるものを最低限クリアできたな、と。その頃には、村の人たちもみんな同じチームのようになっていて、何度機器に不具合が出ても、どんなに迷惑をかけても、〝本当に欲しいものだから待っているよ〟〝新しいことをするって大変だよね〟と、完成を待ち続けてくれたんです。初号基を設置できたとき

左から共同創業者の田中佳樹さん、サムソンさん、アブドゥルさんと（写真提供＝SUNDA）

には、〝やっとできた！　本当にこれが欲しかったんだ〟ってすごく喜んでくれました」

　なんとか1基を設置できたという達成感のなか、２０１９年1月16日に坪井さんは帰国した。パナソニックに復帰し、当初の予定通り南アフリカの販売会社に赴任してからも、坪井さんはＳＵＮＤＡ事業を継続する道を探り続けた。

　実は、この年の3月、坪井さんはサムソンさんとアブドゥルさん、パナソニックの同僚の田《た》中《なか》佳《よし》樹《き》さんの四人で株式会社Sunda Technology Globalを立ち上げている。ＳＵＮＤＡの活動を継続するために各種補助金やビジネスコンテストなどに応募するため、設立登記をしておく必要性を感じたからだ。ウガンダにいるエンジニアの二人とは遠隔でプロダクト開発を続け、後任の協力隊員とともに2号基の設置を進めていた。しかし、まだ本格的な起業の決心がついたわけではなく、できればパナソニック内で事業を継続したいという気持ちが強かったという。

帰国した後同年6月にも、社内で事業を継続できないか模索した。経営層に活動継続を訴える機会にも恵まれたが、社内で新規事業を立ち上げる場合には事業計画書を作成し、承認を得なければならない。社風や企業文化にかない、勝算が見えるものでなければ、実現にこぎつけるのは難しいだろう。応援してくれる人もいたが、南アフリカの販売会社で働いてみて、当時のパナソニックにとってアフリカはビジネスの主要地域ではないこともよくわかっていた。ましてや、SUNDAのターゲットは富裕層ではなく農村部の貧困層だ。「社内外の様々な立場の人たちから話を聞くにつれ、このまま社内で事業を続けるのは難しいだろうと思いました。それに、本業の合間に日本とウガンダを行き来し、SUNDAを続けていくには体力的にも時間的にも限界を感じました。ただ、ずっと会社員として働いてきたので、安定した給料を手放す勇気も出ませんでした」。

それでも坪井さんにはSUNDAを辞めるという選択肢だけはなかった。村の人たちのことを考えるとSUNDAを続けたいという気持ちがどんどん膨らんでいった。そんななか、

2021年4月に新人起業家のためのビジネスプランコンテストである「第6回日本アントレプレナー大賞」を受賞したことが坪井さんの背中を押した。自分のビジネスアイデアが世の中に認めてもらえたという自信と、パナソニックという大企業を辞めれば安定した収入を手放すことになるという不安の狭間で、「SUNDAを存続させるためには起業するしかない」と覚悟を決めた。

「なぜそこまでしてSUNDAを継続しなければならなかったのかといえば、村の人たちのためです。ずっとSUNDAの完成を待ち続け、応援し続けてくれた彼らの、初号基が設置された瞬間の表情と感謝の声は忘れられません。今でもあのときの彼らの顔をありありと思い出すことができます。途中で投げ出してしまったら、彼らの期待を裏切ることになると思いました」

2021年5月、退職を決めた坪井さんはウガンダに渡った。「水を汲み上げて、アフリカを元気にする」という意味を込め、会社のスローガンを「Pump up Water, Pump up Africa」に決めた。

ワンチームで世界の水問題を解決する

再びウガンダの大地を踏み締めた坪井さんは、SUNDA事業に集中して取り組んだ。拠点を首都・カンパラに移し、最前線でチームの指揮を執り、機器の改良とオペレーションの改善、実績づくりのための営業活動を優先的に行った。坪井さんのビジョンと熱意に共感し、創業メンバーのほかに、フィールドエンジニアやプロジェクトマネージャーなどの現地スタッフが9名加わった。そのほとんどがサムソンさんやアブドゥルさんの繋がりで入った若くて優秀なエンジニアたちだ。一方、日本国内から事業を支えてくれるベテランエンジニアやフリーランスのIoTエンジニア、資金調達の伴走をしてくれるCFO（最高財務責任者）などのスタッフも増えた。これまではサムソンさんとアブドゥルさんの2名だけで開発を行っていたが、日本の中小企業のエンジニアと連携することで、全体から見た改善や安定性の確保などを一緒に進められるようになった。次第に、ウガンダのエンジニアがプロダクト開発を行い、日本のエンジニアが量産化と品質向上にあたるというチーム体制ができあがっていった。

「とりあえずやってみるウガンダ人と石橋を叩いて渡る日本人を、ワンチームとしてまとめ

設置前のエンジニアとの打ち合わせ（写真提供＝SUNDA）

るのは難しくて試行錯誤の連続でした。わかり合えずぶつかることも、うまくいかず失敗することもたくさんありますが、チームをつくる上で大事にしているのは、現場感とパッションです。機器の鉄板の厚さにしても、日本であれば2ミリで済むところを、ウガンダでは6ミリ必要になる。厚ければ厚いほど運びにくく製造コストもかかりますが、頑丈につくらないとすぐに故障や盗難、赤水による腐食に繋がってしまうからです。なぜSUNDAがこういう形になったのか、すべては現場を見ればわかります。まず、お互いをわかり合うためにも日本のエンジニアにはウガンダに来てもらうようにしています。最終ゴールに向かって思いを共有し、お互いを尊重し合うなかで、最後はパッションが解決してくれると思っています」

ＳＵＮＤＡの説明をすると、「いまさら井戸ですか？」と言われることもあるという。井戸は水道にとって代わられ、衰退していくというイメージがあるようだ。しかし、世界に目を向ければ、サブサハラ・アフリカや東南アジアの一部はほとんど水道が普及しておらず、圧倒的に井戸に頼っているのが現実だ。例えば、サブサハラ・アフリカ地域で井戸を使う人は、２０００年の１・６億人から２０１７年の４・２億人へ、水道を使う人は２０００年の１・９億人から２０１７年の３・４億人へと、いずれも増え続けている。アフリカのなかでもウガンダの井戸需要は高い。それにもかかわらず、適切にメンテナンスが行われていないことが問題なのであり、そこに課題解決の糸口とビジネスチャンスを見出したのが坪井さんだ。

実は、モバイルマネーを使った料金徴収システムは、ＳＵＮＤＡの他にもある。例えば、イギリスの「e Water Service（e Water Pay）」はプリペイド式の水供給システムだ。従量課金制かつプリペイドで料金を支払うという基本コンセプトは同じだが、ウガンダ農村部で大半の人々が使っているハンドポンプ向けのシステムではなく、公共水栓向けだ。現地のエンジニアが現地にあった機器を製造し、適切なコストで販売できるのがＳＵＮＤＡの強みだ。加えて、機器を設置して終わりではなく、現地の目線で住民、行政と連携し、持続可能な運営システムを構築できるメリットも大きい。現状、サービスステーションがハンドポンプの修理を行う組織として、技術面の業務、水利用者のクレーム対応、ケアテイカーへの会計指導などを担っているが、坪井さんはそのオペレーションの改善と効率化にも踏み込み、村落の井戸の持続可能な維持管理に努めている。

２０１９年1月に1基のプロトタイプからスタートしたＳＵＮＤＡは、２０２３年11月時点で１５０基にまで増えた。1基あたり約３００人が公平で安全な水にアクセスできる計算だ。ウガンダの水環境省（ＭＷＥ）、ＪＩＣＡの技術協力プロジェクト、日本青年会議所などと連携することで、まとまった導入実績もでき、ＳＵＮＤＡが導入された村では導入されなかった村より、回収料金が2倍以上になることも実証された。その効果と評判は確実に広がっている。

一方、設置台数が増えたことで、新たな課題も見えてきた。オレンジボックスの中にあるバルブの故障率の高さと、ソーラーパネルとバッテリーの盗難だ。故障や盗難によって井戸が使えなくなれば、村に行って部品の交換やメンテナンスをする必要があり、そのコストが増えれば赤字になってしまう。部品を盗難できないように機器を改良し、地域のコミュニティや警察を巻き込んだ盗難防止の対策を考えるとともに、ビジネスの収益で財源を確保することが必須だと坪井さんは考えている。さらに今、水を使えていない人がいるならば、なぜ使えていないのかを検証し、より多くの水を使ってもらえる方法を考える必要がある。

「井戸の持続的な維持・管理の仕組みをつくるためには、援助に頼るのではなく、ちゃんと自分たちで生み出した利益で活動していくことが大事で、そうでなければサステナブルだとは言えないと思っています。ウガンダの人々も必要なものに対しては必要な対価を払うはずで、もし払ってもらえないとすれば、それには価値がないということ。私たちは現地の人たちのために本当に必要なものをつくっているという自負があります」

ＳＵＮＤＡの販売価格は１０００ドル。機械自体の原価が７００〜８００ドルで、１回のハンドポンプの修理費は約２０００ドル。設置時の初期費用を政府やＮＧＯ、国際機関からもらい、ＳＵＮＤＡの機器のメンテナンスについては、エンドユーザー（村人）から水代の30％を徴収するというのが基本的なビジネスモデルだ。１０００基くらいが損益分岐点となる。適切な価格設定とプロダクトの品質改善、オペレーションの自動化・効率化を行い、２０２５年までに黒字化し、ナイジェリアやケニアなど、アフリカ全土に拡大していけば、大きなビジネスになるはずだと見込んでいる。

国連によれば、途上国を中心に少なくとも30億人が水質管理されていない水で生活しており、このままでは２０３０年に16億人が安全な飲み水を得られなくなるという。

坪井さんは、30年、50年とかけて徐々にＳＵＮＤＡを拡大していくのではなく、今後10年で一気に拡大し、ウガンダ全土、そしてサブサハラ・アフリカの水問題を解決するという目標を掲げた。その土台を構築し、活動を支えるために、クラウドファンディングや大規模な資金調達に挑戦し、2023年10月には、シードラウンド（創業前後の段階）において、ANOBAKA、リタワークス、スカイライトコンサルティングというベンチャー・キャピタル1社、事業会社2社を引受先とした5000万円の資金調達に成功している。

坪井さんに投資した企業のうちの一つ、スカイライトコンサルティング株式会社・代表取締役の羽物俊樹《はぶつとしき》さんは言う。

「安全安心な水へのアクセスの確保は、21世紀の主要課題の一つです。SUNDAの提供する機器・サービスは、この課題解決に大きく貢献するものであり、アフリカ地域の生活基盤の確立や経済発展の礎にも繋がるものです。私たちは子会社を通じてアフリカでの事業にも取り組んでおり、資金提供のみならず、様々な局面でSUNDAを支援していきたいと考えています」

同じく、坪井さんに投資した企業のうちの一つ、ANOBAKA代表取締役社長／パートナーの長野泰和《ながのひろかず》さんは坪井さんをこう評する。

「坪井さんは非常に情熱的で純粋な方です。一方で、この事業を単なる社会貢献だけでなく、ビジネスとして大きくする事業家としての野心と緻密な計算能力も持ち合わせています。私たちANOBAKAは他の人にバカにされても、自分の信じる夢を必ず実現させるという情熱を持った起業家に投資するVCファームですが、坪井さんはまさに投資するにふさわしい稀有な起業家だと思っています」

資金を集めることも、プロダクトを改良することも、地域住民や行政を巻き込むことも、スタッフを動かすことも簡単ではなく、ストレスや苦労を伴う。しかし、その一つひとつの過程を通じて自分自身が成長し、着実にゴールに向かっているという手応えを感じながら坪井さんは突き進む。

「現地で応援してくれるユーザー、メンバー、政府も含めて、SUNDAをいいソリューションだと認めてくださる方がたくさんいます。これを広く普及できたら世界は大きく変わるはずです。ビジネスはあくまで手段であって、目的は水問題を解決すること。今、私たちがやらなければ誰も実現できないということが大きなモチベーションになっています」

ウガンダからアフリカ全土へ、SUNDAを普及させるために、2024年には500基、2025年には1500基の合計設置台数を目指していく。農村部にSUNDAを普及させれば、安全な水が手に入るだけでなく、保健衛生、教育、医療、農業、雇用などにもプラスの変化が及ぶ。そこで蓄積されたデータを分析し、プリペイド式料金システムやメンテナンスに関するノウハウを活用すれば、他のインフラに応用することもできるはずだ。坪井さんの目はすでにその先の未来を見据えている。

「社会課題は他にもたくさんあります。水問題は一刻も早く解決して、ＳＵＮＤＡの体制をベースにした新しいサービスを展開していきたい。２０５０年にはアフリカの人口は世界の25％を占めると言われ、ウガンダという一つの国だけを見ても、日本とほぼ同じ人口になる予測です。私たちの強みは、現地のエンジニアによる現地のためのモノづくり。それによってアフリカの人々の生活を豊かにし、社会を大きく変えていくことができます。ウガンダの農村部にも優秀な若者たちはたくさんいるので、彼らが自らの手で未来を選択できる環境をつくっていきたいです」

技術は社会を変える原動力となり、人々のために知恵を絞れば明るい未来が開ける。坪井さんが踏み出した一歩はイノベーションの種となり、ウガンダ、アフリカ、そして世界の社会課題を解決するために成長中だ。

〈SUNDAを支える人々〉

■内山貴之さん

青年海外協力隊事務局次長

「坪井さんこそがゲームチェンジャーだ」と話すのは、2018年3月から2021年5月までJICAウガンダ事務所次長、21年6月から23年1月まで同所長を務めた内山貴之《うちやまたかゆき》さんだ。坪井さんが隊員としての任期を終え、パナソニックに勤務しながらSUNDAの活動を続けていた当時を知る。JICAプロジェクトが50基のSUNDAを購入する後押しをしただけでなく、坪井さんを政府関係者や支援機関、各NGOと繋ぎ、SUNDA拡大のスピードを上げた立役者でもある。

「坪井さんが現場で感じたように、地方給水というのは難しい問題です。昔から様々な支援機関がアフリカの農村部で井戸を掘っていますが、設置後、井戸の運営や維持管理は住民に委ねられるのが通例です。そこで、住民が井戸管理委員会をつくって、井戸が故障したときのための修理費を毎月集めようとするのですが、様々な理由でなかなか集まらない。すると井戸が壊れても修理できず、そのまま放置されてしまう。そういう状況があちこちで長く続き、井戸の屍が累々と積み重ねられてきたのです」

その背景にあるのは、途上国政府や支援機関によるプロジェクトのみで、井戸の設置から維持管理までを持続的に行うことには限界があると、内山さんは説明する。

「アフリカの農村部の人々の多くが下痢で命を落としていますが、その原因は不衛生な水です。水は命に関わる問題なので、どうしても支援が必要ですが、途上国政府や支援ドナーによるプロジェクトのみで持続的に井戸を維持管理する体制を構築するところまで行うのは難しいのが現状です。地方給水の現場というのは、途上国のなかでも一番貧しいエリア。教育レベルも低く、たとえ、コンサルタントが数週間や数カ月間の研修をしても、住民の金融リテラシーが劇的に上がったり、算数の基礎学力が上がったり、コミュニティの信頼関係が改善されたりするわけではない。かといって、中央政府が莫大な予算を確保して、維持管理も含めて井戸を一元管理することも現実的ではなく、最終的には住民たちが自分たちでどうにかするしかないのです。近年、アフリカは急速に都市化が進んでいますが、都市給水が追いついておらず、水道管が古くて水が漏れる、水を盗まれるなど、収入にならない水（無収水）が多いことも問題になっています。そこでしっかり無収水率を削減し、収入が得られる仕組みにすれば給水管の設置エリアも拡大していけるのではないかと、JICAのなかでは持続的な維持管理の難易度が非常に高い地方給水の支援よりも、都市給水の支援を重視しようとする動きもありました」

当時、ウガンダではJICAの村落地方給水維持管理・衛生改善プロジェクトが行われていた。コミュニティベースでの維持管理費の回収は難しいとして、県レベルでの維持管理費を回収しようと試みたものだが、それもうまくいっていなかったという。

「コンサルタントに委託をして、県がエンジニアやユニットを抱え、井戸料金を徴収し、井戸が壊れたら修理するという井戸の維持管理システムをつくろうとしたんです。ところが、そもそも井戸というのは田舎にあって、広大なエリアに点在している。そこに県の担当者が車でお金を回収しに行くわけですが、500円のお金を回収するのにガソリン代が数千円もかかってしまう。回収されるお金よりもコストの方が大きいので、慢性的に赤字で、まったくサステナブルではありませんでした」

どうにかしたいけれど、どうにもできない。関係者に徒労感が広がっていくなか知ったのが坪井さんの活動だった。

「衝撃を受けました。これまで苦労していた料金回収の問題と、回収したお金を管理できない問題、この二つを同時に解決できるのです。住民にとって、井戸が壊れても追加費用なく直してもらえるというのはすごいこと。これをウガンダだけでなく、すべての途上国に横展開していけば、多くの人々、特に子どもたちの命を救えると思いました」

実はすでに、モバイルマネーを使った料金回収のシステムはいくつかあった。しかし、機器は海外で製造されており、外国人エンジニアを雇用しているため、コストが高く、何十万円もする。それを、何千、何万とある井戸に設置するのは現実的ではなかった。

「SUNDAがすごいのは、ウガンダ人のエンジニアで製造から設置、サービスまでをやりきったことです。坪井さんがエンジニアを叱咤激励し、チームで頑張ってプロトタイプをつくり、協力隊の任期が終了して帰国した後も活動し続けた。現地のエンジニアが現地の材料で現地にあった機器を製造すれば、当然安く販売できる。そのすべてを実現させたことこそがイノベーションであり、SUNDAの価値だと思います」

内山さんはプロジェクト関係者とウガンダの水環境省にSUNDAを紹介して、いくつかの村落でSUNDAを試験的に導入した。すると、SUNDAを使っているコミュニティは使っていないコミュニティの2倍の料金を回収できることがわかった。SUNDAを300カ所に設置できれば、そこで回収されたお金で、エンジニアを雇用し、補修に必要なスペアパーツを確保し、水料金だけで維持管理ができる計算だ。しかも、水環境省の税収を割り振らなくていいとなれば、メリットだらけ。ローコストで水の問題を解決できるサービスを提供できるのはウガンダのSUNDA以外はない。

「坪井さんがここまでできたのはビジネスマインドがあったからではないでしょうか。水の問題を解決したいという思いだけではなく、ビジネスとして回るかどうかの計算ができたことが大きいはずです。我々もこの事業をスピーディーに拡大できるよう協力していきたいと考えています。数十億人というインパクトのある課題を日本発のＳＵＮＤＡが変えられたらすごいことですから」

■サムソン（Samson Kosozi）さん

株式会社Sunda Technology Global　共同創業者／メカニカルエンジニア

ＳＵＮＤＡシステム全体のデザインを担当しているメカニカルエンジニアのサムソンさんは、坪井さんとＳＵＮＤＡ初号基を製作したエンジニアの一人であり、共同創業者だ。もともとは別の会社でロボット工学やメカトロニクスの開発研究者として働いていたが、志を持ってこのプロジェクトに参加した。

「当初、私たちは井戸の維持管理を確実にするという問題を解決するつもりでいました。しかし、ＳＵＮＤＡが機能しはじめてからは、それ以上の問題を解決できていることに気づきました。これまでは井戸の維持費を回収する者と村の住民が対立することもあり、維持費の支払いについても不平等感がありました。ＳＵＮＤＡは、使いたい人が使った分だけお金を払うことができ、誰にとっても公平なので、みんないつも幸せでいられます。それが、私たちの事業が広がり続けている理由でもあります」

坪井さんに対しても全幅の信頼を寄せる。「坪井さんは約束を守り、ダメなものはダメだと言ってくれるので、信頼して一緒に働くことができます。将来的には作業環境をより良いものにして、若手技術者の育成にも力を注ぎたい。そうすれば、水問題だけでなく、他の開発も進めることができるようになるはずです」。

■アブドゥル（Ssebina Abdusalam）さん
株式会社Sunda Technology Global　共同創業者／ソフトウェアエンジニア

株式会社Sunda Technology Globalの共同創業者であり、ソフトウェアエンジニアとして働くアブドゥルさんは、別の会社でオートメーションエンジニアとして工業用の自動機械を扱っていたが、サムソンさんからの紹介でSUNDA初号基の開発に取り組むようになった。「水問題を自分たちの技術で解決できるなんてすごく刺激的なことだと思いました。何より、私たちの技術で村の人たちを助けたかったのです」。

一方、坪井さんのようにテクノロジーを解決策として信じている人を見つけるのは容易でないと話す。

「彼女は誰かのためにテクノロジーを構築できる稀有な人だと思います。テクノロジーを使って何をすべきかをよくわかっているので、とても心強いです。私たちは長い道のりのなかでたくさんの学びを経験し、ここまで前進することができました。ユーザーは、SUNDAの技術はとても良いものであり、SUNDAを使うことはフェアで透明性があると考えてくれています。私のビジョンは、私たちが取り組んでいるアフリカの水問題がより良いテクノロジーで完全に解決するのを見届けることです。テクノロジーは仕事をよりシンプルに、より速くしてくれるものであり、エンジニアにとっては複雑でも、ユーザーにとって複雑ではいけないのです。水問題が解決したあとも、ユーザーにとってより良い形を追求していきたいと思います」

CASE1
TEXT：秋山真由美
扉写真提供：SUNDA
P44-46通訳＝飯渕一樹

目指すのは 低価格・高品質な 3Dプリント義肢装具で、足を切断した人たちの貧困の連鎖を止める

インスタリム株式会社
代表取締役CEO　徳島 泰さん

JICA海外協力隊の派遣国：フィリピン　職種：デザイン
派遣期間：2012年6月～2014年12月・京都府出身

アジアから下肢障害者の生活を支える「世界初の3Dプリント義足」

〝歩く〟の先にある〝働く〟を目指して

インスタリムで開発する3Dプリント義足（撮影＝干川美奈子）

不慮の事故や病気などによって、足を失う人は世界中で4000万人を超える。そのうち、義足を利用できているのは、わずか10％。残りの90％は金銭的な理由から義足を持つことができない。義足がなければ歩くことも働くこともできず、社会から切り離されていく。たとえ手に入れることができても、水道管パイプなどを利用した雑なつくりで、違和感や痛みを感じて装着を諦めてしまうことも少なくないという。

低価格・高品質な3Dプリント義肢装具で、
足を切断した人たちの貧困の連鎖を止める

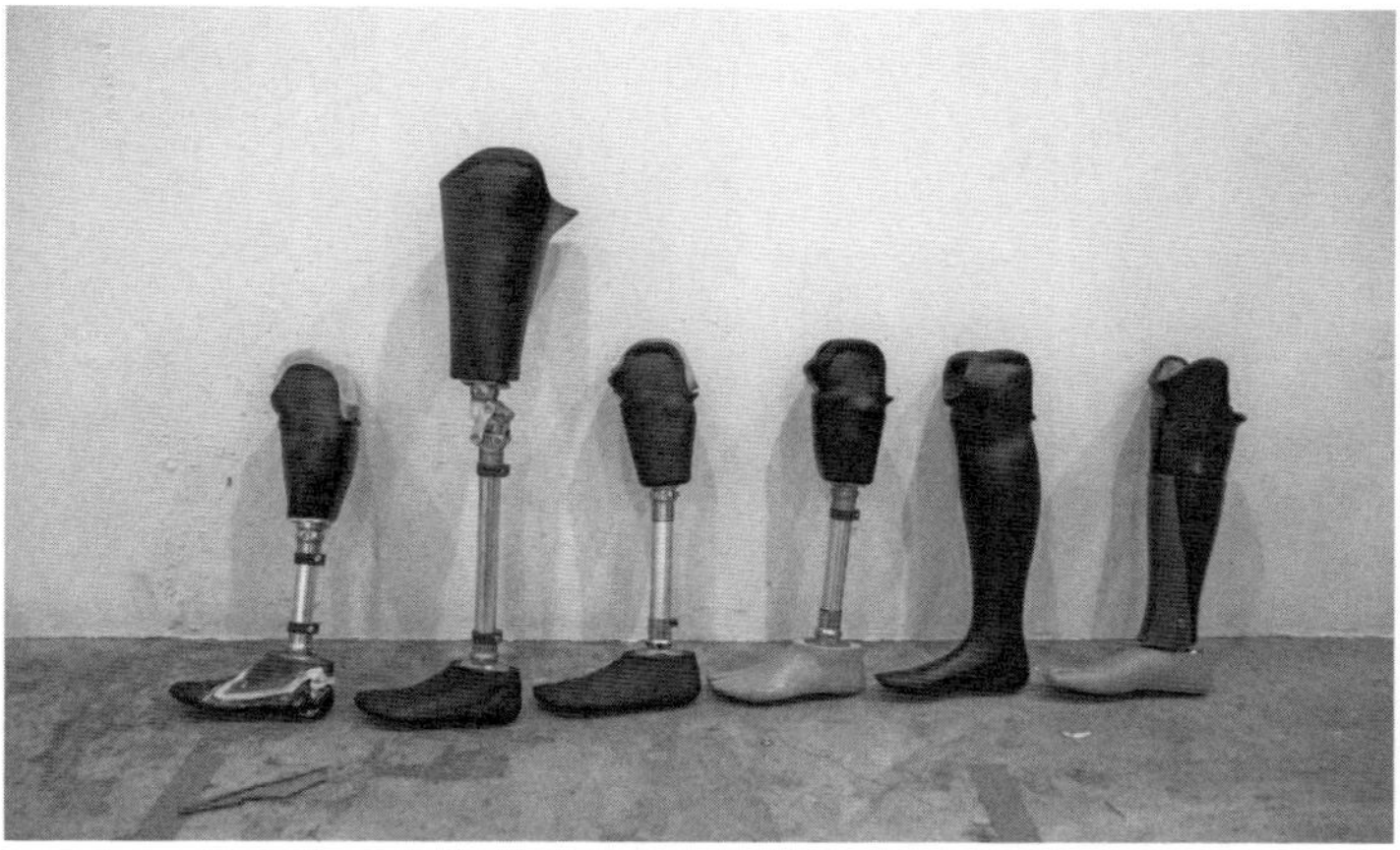

用途に合わせ、様々な義足のタイプがある（撮影＝阿部純一）

そんな状況を変えたいと、世界で初めて３Ｄプリンターで低価格・高品質な義足を製造し、途上国の貧困層に販売するという革新的なビジネスモデルを生み出したのが徳島《とくしま》 泰《ゆたか》さんだ。

徳島さんが２０１７年に立ち上げたソーシャル・スタートアップ、インスタリムは、「必要とするすべての人が、義肢装具を手に入れられる世界をつくる」をビジョンに掲げ、従来の多くの会社が利潤追求だけを主たる目的にするのとはまったく異なるアプローチで世界展開を目指す。インスタリムが手掛ける義足は、従来１カ月かかっていた義足の製作日数を最短で１日に短縮し、日本円で40万〜50万円だった価格を10分の１にすることを実現した。さらに、ＡＩによる設計システムの開発により、必ずしも義肢装具士がいなくても義足を完成させることができるようにもなった。

「とても軽くて快適。足にフィットして動きやすい」

「仕事ができるようになって嬉しい」

「自転車に乗れるようになって行動範囲が広がった」

「本当の足のような形で、もう周りからからかわれたりしません」

インスタリムの義足を手にしたユーザーとその家族からは、毎日のように嬉しい声が届く。

「病気になると家族が一番つらいんです。この間まで元気に働いていた父親が、糖尿病になって足を切断し、そんな父親の世話をするために母親はフルタイムの仕事を辞めて貧乏になっていく。そういう家に完成した義足を届けると、一番喜んでくれるのは本人よりも家族です。もちろん本人も嬉しそうですが、その傍で奥さんが、よかったねってポロポロ泣き出す。そんな姿を見て、自分ももらい泣きすることがしょっちゅうあります」

ユーザーとその家族の言葉に耳を傾け、気持ちに寄り添うのには、徳島さん自身の実体験が根底にある。20代の頃、父親が若年性アルツハイマーを発症し、憔悴しながらも家族を守ろうとする母親の姿を間近で見てきた。

「父の復帰は叶いませんでしたが、家族の辛さや苦労は知っています。だからこそ今、義足を通じてユーザーの家族が喜ぶ姿が見られることが一番嬉しいし、やりがいを感じます」

目の当たりにしたモノづくりの理想と現実

徳島さんは、1978年に大阪府大阪市の町工場の多いエリアに生まれ、母方の親戚はネジ工場、父方の親戚は旋盤職人という環境で育った。父親は松下電器産業株式会社（現パナソニック株式会社）のエンジニアで、小屋やラジオなど必要なモノはなんでも手づくりするような人だった。その父は徳島さんが小学3年生になる頃に独立し、圧電セラミックを使った超音波モーターを開発するベンチャーを創業した。そんな背中を見ていたからか、徳島さんは幼い頃から「ものづくりへの興味と憧れがあった」という。

父の会社が大量の不良品を出し経営危機に陥ったのは、徳島さんが京都の美大に通っていた頃のことだ。億単位の損失を返上するため、組立を外注していた町工場に通い、パート社員とともにハンダゴテを手に不良品の部品をひたすら付け替えるという仕事が、徳島さんのキャリアのスタートとなった。なんとか倒産を免れた後は、父に仕事を教わりながらセールスエンジニアとして国内・海外を駆け回り、新製品の開発からバックオフィスまで一通りの仕事を覚えていった。

徐々に仕事にやりがいを見出していった一方で、ものづくりの概念が根底から覆されるような出来事にも遭遇した。父とともに中国へ出張した際、電子部品を生産していた工場の横で、その工場からの廃液が垂れ流される川の水を利用して、農家が白菜をつくっている光景を目の当たりにしたのだ。

「その日、工場の食堂で出された昼食に白菜が使われていましたが、どうしても箸をつけることができませんでした」

安価で高品質な製品を大量生産する裏側で、誰かが不幸になっているかもしれないという現実を突きつけられた。「どんなにカッコいいデザインだとしても、誰かを不幸にしているなら意味がない。いつか誰もが幸せになれるような、産業構造そのものを変えるような、そんなものづくりをしようと心に誓いました」。

しかし、25歳の頃、父親が若年性アルツハイマーを発症したことにより状況が一変した。やむなく会社は畳むことになり、徳島さんは自らの会社を立ち上げた。ＳＥ兼ウェブデザイナーとして働きながら、エンジニアとしてアナログレコードをＣＤ-Ｒのようにコピーできる機器を開発し、その販売を目指した。その過程で、新しい製品を社会に出せるほどの実力が自分にはないことを悟り、もっと大きな仕事をするためにものづくりの工程を根本から学び直そうと、28歳で多摩美術大学美術学部プロダクトデザイン学科に編入し、プロダクトデザインを専攻した。

「心のどこかでいつか父親のように会社を持ち、それを成功させたいという思いがありました。そのためには、一番上流のところで製品とはこうあるべきということが考えられる人間にならなくてはいけない。東京に出て、その分野のトップの大学で学ぶのが手っ取り早いのではないかと考えたのです」

2年間の在学中、あらためてものづくりについて考え、生きるために真に必要なものづくりに関わりたいと思うようになった徳島さんは、大手医療機器メーカーである日本光電工業株式会社の採用試験を受け、内定をもらった。卒業までの間、医療デザインについてできるだけ学んでおこうと、世界で最も必要とされる医療デザインについて調べたところ、行き着いたのがＨＩＶ／ＡＩＤＳ医療だった。ＪＩＣＡ（国際協力機構）がザンビアで包括的なＨＩＶ／ＡＩＤＳ医療およびＨＩＶ／ＡＩＤＳ患者への支援を行っていることを知り、卒業制作のフィールドリサーチ先としてザンビアを選んだ。そこで徳島さんは、「すべての人に健康を」を基本理念とした総合的な保健医療活動であるプライマリ・ヘルスケアの概念に出合い、関西時代には思いもよらなかった道に目覚めていく。

「ザンビアで地域住民が一体となって医療活動に取り組む姿勢に衝撃を受けたんです。医療が人間にとって重要かつ身近なものだとあらためて実感するとともに、先進国が途上国に中途半端に介入するとネガティブインパクトが生まれてしまうことも知りました。自分も父親に薬を飲ませるのに非常に苦労した経験があったので、医療の課題をデザインの力でなんとかしたい、途上国の人たちや本当に困っている人のためのデザインをやりたいという気持ちが強くなっていきました」

期待を胸に入社した日本光電工業株式会社では、心電計や除細動器などの医療機器の製品デザインや、ＧＵＩ（Graphical User Interfaceの略。コンピュータやスマートフォンなどを直感的に操作しやすくなるようデザインすること）やパッケージなどのデザインに従事した。すぐに大きな仕事を任されるようになり、順調にキャリアを積んでいけるかに思えた。しかし、貧困層には届くことのない高額な医療機器を前にして、自分がやりたいはずの開発途上国の医療やプライマリ・ヘルスケアとは程遠いのではないかと、次第にモヤモヤした気持ちを抱えるようになっていった。

そんなとき、東日本大震災が起こる。「人はいつ死ぬかわからないのだから、本当に社会のためになることをやらなければ」と、会社に籍を置いたまま協力隊に参加することを決意した。２０１１年4月、32歳のときのことだ。

ボホール島地震の後に見えた光

任地はフィリピン共和国ボホール州。首都マニラより飛行機で1時間半、セブ島より船で2時間の場所に位置する島で、ボホール島を含む70以上の群島により構成されている。1市47町1109村からなり、人口は125万5128人。フィリピンのなかでも経済開発の最も遅れた地域の一つだ。配属先は、貿易産業省ボホール州事務所。現地の産業振興や中小企業の活性化、そのためのデザイナー人材の教育までを任された。

「驚いたのは、現地の労働者たちの基礎教育レベルの低さです。識字率が低く、読み書きや簡単な計算、長さの単位、定規やハサミの使い方もわからないという人が多くいました。一方で、スマホは普及していて多くの人が使いこなしている。労働者に直接、読み書き計算から指導するのは効率が悪すぎるし、アナログ技術を教育するより、デジタル技術を上手く利用した方が早いのではないかと考えました」

そのための手段として思いついたのが、デジタルファブリケーションラボ「FabLab(ファブラボ)」だった。ファブラボとは、ICTの活用に関する相互協力を目的とした世界的なクリエイティブ・ネットワークのことで、3Dプリンター、レーザーカッター、CNC

ルーター、ミリングマシン、ビニールカッター、電子工作ツールなどの工作機器を備えた施設で、地域や個人の課題を解決するためのものづくりの場でもある。アメリカやヨーロッパなどの先進国だけでなく、ケニアやアフガニスタンなどの途上国にも広まっており、徳島さんがボホールにいた2012年時点では、少なくとも世界20カ国以上50カ所以上に存在していた（現在は127カ国2026施設以上）。日本にも「ファブラボ鎌倉」「ファブラボつくば」がオープンしたばかりの頃だった。

徳島さんは、貿易産業省の同僚や上司にプレゼンして賛同を得ると、プロジェクトリーダーとしてファブラボの設立に奔走した。ところが、予算の承認が目前となり、いよいよこれからというとき、緊急事態が起こる。2013年10月15日、突如として発生したボホール島地震。マグニチュード7・2の強い揺れに襲われ、1万4253棟の家屋が全壊、3万9186棟が半壊。222人が命を落とし、ほとんどの島民が避難生活を強いられた。フィリピン最古のサント・ニーニョ教会も、観光地として知られ、小さな山々が連なるチョコレートヒルズの一部も崩壊し、かつてない大きな被害がボホールの人々の暮らしに影を落とした。

ファブラボの予定地だった大学の校舎が崩壊しているのを見て、徳島さんは「ああ、終わった」と思ったという。しかし、すぐに気持ちを切り替え、行動を起こす。

「ボホールに赴任したばかりの頃、催眠ガスを使った強盗に身包み剝がされた経験もあり、ゼロから始めるのが当たり前だというマインドセット（考え方の癖）ができていたんです。強盗に襲われようが、地震がこようが、今できることをやるしかないという気持ちでした」

島内をあちこち走り回り、かろうじて繋がっていたインターネットを駆使して、ボホールの被害状況をＪＩＣＡフィリピン事務所に報告した。どこにどれだけ困っている人がいるのか、救援物資がどれくらい足りないのか、道路や橋などのインフラやライフラインの状況など、来る日も来る日もレポートを作成し、写真を撮っては共有し続けた。その働きかけが功を奏して、当時の事務所長がＪＩＣＡを通じて被災者の人道支援のために緊急援助を行うことを決定した。被災したボホール側に立ち、人道支援の橋渡し役となった徳島さんに対して、ボホールの人々は、「よくやってくれた」「泰は本当に僕たちのことを考えてくれるヤツだ」と感謝した。

救援活動が落ち着き、島民が平静を取り戻してきた頃、周囲の人々は「ボホールの恩人である泰がやっていたことを続けさせてあげたい」と、大統領や貿易産業省長官にファブラボプロジェクトの推進を直接打診する機会を設けてくれた。そこからトップダウンで話が決まり、身動きが取れなくなっていたプロジェクトは一転して急ピッチで進んでいった。「まさに、ピンチがチャンスになった瞬間でした」。

こうして２０１４年５月２日、フィリピン貿易産業省（ＤＴＩ）、国際協力機構（ＪＩＣ

A)、フィリピン科学技術省（DOST）、ボホール島州立大学（BISU）の4者共同で、フィリピン初となるデジタルファブリケーションラボ「FabLab Bohol（ファブラボ ボホール）」が設立された。

幸運なことに、視察に来ていた大統領（ベニグノ・アキノ3世）がこの取り組みを高く評価し、ファブラボを全国に拡大する方針を発表した。それを受け、市民に向けた啓蒙イベントが大々的に行われた。ボホール復興の象徴としてファブラボ ボホールは大いに注目を集め、様々な人々が視察に訪れた。そんななか、多くの人が徳島さんにたずねた。「3Dプリンターで義足はつくれないのか？」と。

3Dプリンターを利用した義足の可能性

「なぜこれほどまでに義足が必要とされるのか不思議でした」。調べてみると、少なくともボホールに義足をつくれるところは一つも見つからなかった。別の州の保健省にいる協力隊員たちに連絡を取ると、イロイロ州に1軒だけ義足をつくれる場所が見つかったという。すぐに視察に行くと、義足づくりは想像以上に難しいことがわかった。

義足は、日本では通常、義肢装具士の資格を持った人が1カ月ほどかけて石膏を削り、一人ひとりの形に合わせて彫刻のように手間暇をかけて製作する。さらに、患部の不快感や痛みを取り除き、運動性能を高めるための医学的な最適化を行う必要があるため、必然的に費用も高くなる。

フィリピンの場合は、そもそも義肢装具士という国家的な資格が存在しない。そのための教育や製作環境も整備されておらず、国際的な資格を持った義肢装具士は5名程度、義足がつくれる公立の施設は2カ所、そこでつくれる義足も年間300～400本が限度だった（2014年当時）。フィリピンの平均給与5万円以下に対して、義足の平均価格は50万円で、義足に関する医療保険制度も機能していなかった。つまり、病気や事故で足を失い、義足が必要となっても、フィリピンの貧困層の多くは義足を手に入れることができない。

実は、インスタリムの義足の試作第1号は、このとき、ファブラボ ボホールでつくられたものだ。現地のプラスチック廃材や竹材などを使えないかと試行錯誤した結果、「安く簡単に高品質な義足をつくるにはこれしかない」と確信したのが、3Dプリンターでつくった義足だったという。ただし、3Dプリンターの扱いに慣れていて、プログラミングや設計も難なくできる徳島さんでさえ、設計に48時間以上を費やし、3Dプリンター出力には3日以上を費やした。完成した義足の品質も従来のものには到底及ばなかった。

「自分のように高度な専門知識がなくても義足をつくれるようにするには、設計用ソフトウェアと義足用の３Ｄプリンターを一から開発するしかないと思いました。自分が開発に専念すれば、２、３年で誰でも使える簡単なシステムがつくれるはずだと思ったのですが、開発するためには自分の人件費だけでなく、外注費や機材費などの多額の費用がかかります。また、開発後に実際にフィリピンで義足をつくるための設備投資や人件費などの事業費として、さらに多くの資金が必要になります。その費用をどう捻出したらいいか。唯一現実的なアイデアとして思いついたのが、起業でした」

折しも、世の中にはＢＯＰビジネス（Base of the Economic Pyramidの略で、途上国の低所得者層にとって有益な製品やサービスを提供することで、新たな市場の開拓と世界にはびこる格差および貧困問題を解決できるビジネス）は儲からないという空気が漂っていた。途上国向けの投資は少なく、ＪＩＣＡであっても未知の技術を開発するための予算はない。スタートアップとして投資家に出資してもらうしか、億単位の開発費や事業費を捻出しうるスキームはないように思えた。

「今、同じ決断をするかといえば、たぶんできないのではと思います。起業してから義足が売れるまでの間、本当に苦しい時期が続いたので。でもなぜか当時は、自分なら必ずできるだろうという根拠のない自信がありました」

フィリピンのユーザーにヒアリングを行う徳島さん（写真提供＝インスタリム）

一生をかけて解決したい社会課題

２年６カ月に及ぶフィリピン赴任を終え、２０１４年12月に帰国すると、徳島さんは勤めていた医療機器メーカーを退社した。３Ｄプリント義足の開発に専念するためだ。慶應義塾大学の文部科学省博士課程教育リーディングプログラムに応募し、研究員として義足の製作に特化した専用の３Ｄプリンターとソフトウェア、そして材料の開発に着手することにした。スタートアップとして投資を受けるためには、ある程度のプロトタイプ（試作品）を見せる必要があるため、研究員として開発に専念できる環境が必要だと考えたのだ。奨学金や研究費で足りない分はサラリーマン時代の貯金を切り崩し、様々なビジネスコンテストなどで賞金や補助金を獲得しては開発資金に充てた。

同時に、JICAとコンサルタント契約を結び、ODA事業に従事しながら、フィリピンにおける調査などを行った。そこで実施した調査で明らかになったのが、フィリピンの義足の市場規模とその背景だ。公開されているデータによれば、フィリピンにおける「片脚・両脚の欠損」が障害者人口の4・6％、そのうち膝下切断患者が70％で、膝下義足を必要とする脚切断患者は49万人。そのうち義足を持っているのは1割に過ぎないことがわかった。裏付け調査のために、実際にフィリピンの大きな総合病院から小さなクリニック、田舎のヘルスケアセンターにいたるまで、医療機関を一軒一軒回ってデータを取ると、さらに、これまで把握されてこなかった、本来は義足が必要とされるはずの糖尿病性壊疽《えそ》などによる脚切断が必要な患者が、総人口の約1％の74万人いることがわかった。これらの数字を合算すると、フィリピン全土で膝下義足を必要とするユーザーは約123万人いることになる（2017年時点）。

「フィリピンの100人に1人は足が壊疽しているという計算でした。そのほとんどは糖尿病性の血管系の病気、つまりほぼ糖尿病が原因です。これがフィリピンにおける義足市場の潜在的ニーズだったわけです」

脚を失う理由として、一般的には、交通事故、労働災害、戦傷、疾病などが挙げられるが、実は糖尿病が最も主要な原因の一つだ。特に、フィリピンでは糖尿病による切断の増加が顕著だった。米を主食とするフィリピンの貧困層は、昔の日の丸弁当のように、たくさんのご飯に少量の塩辛いおかずといった食生活を続けているケースが多く、その結果、糖質の摂り過ぎにより糖尿病に罹患しやすい。糖尿病の合併症である神経障害や血管障害が進行すると、感覚が麻痺して痛みを感じにくくなり、足指やかかと、くるぶしにできた靴ずれや外傷などの小さな傷がだんだんと悪化して足の壊疽（組織が死んで変色し腐った状態になること）を引き起こす。壊疽は治りにくく重症化しやすいため、最悪の場合、患部を切断しなければ死に至る。

ところが、脚を切断するためには手術費用がかかり、たとえ切断できても義足がなければ歩くことができずまともな仕事に就くことができない。仕事に就けなければ家族にとっては経済的にも身体的にも大きな負担となる。調査した地域のなかには、脚を切断すれば、死後、「天国への階段を上れないから」地獄に落ちてしまうと信じる人たちもいた。そのために、脚を切断せずにじわじわと迫りくる死をただ待つという人が多いのだという。

徳島さんがボホール島の小さな診療所で出会った30代の男性は、壊疽した片脚が真っ黒に変色し、目も当てられないほどだった。脚の切断手術を勧めても、痛みに顔を歪ませながら俯くまま。なんとか説得しようとすると、「たとえ、脚を切断して生き延びたとしても歩けない自分にできる仕事なんて田舎にはない。無駄な食い扶持が増えるだけだ。それなら早く死んだ方がいい」と言う。後日、徳島さんが再び診療所を訪ねると、その男性は亡くなっていたという。

「家族を養うために、粗食に耐えて死に物狂いで働き、気がついたら脚が腐っていく。ただただ頑張ってきただけなのに、脚を切断せざるを得ない状況に追い込まれてしまった人が、人生を恨み、世の中を恨んで死んでいく。そんな理不尽な状況が、自分にはどうしても許せませんでした」

このとき感じた怒りが、徳島さんの原動力となっている。しかもこれはフィリピンだけの問題ではない。世界的に糖尿病で脚を失う人は地雷で脚を失う人より60倍も多いと言われ、深刻な問題となっている。サブサハラ・アフリカ、中央アジアなどの貧困地域を含め、今後、中進国になっていくであろう国の人たちが同じ状況に追い込まれていくのは目に見えていた。

「ならば、自分がやるしかないのではないかと思いました。自分はこの国の人々の目線で義足がどれほど求められているのかを一番よく知っています。さらに、開発するためのハードウェアの知識、ソフトウェアの知識、医療エンジニアリングといった知識も、起業するための経営知識も、それなりにすべて勉強してきている。開発途上国の人でも手に入れられる超ローコストで高品質な義足、それを実現できるのはもしかしたら、世界中で自分だけかもしれないと思いました」

この瞬間、これまで経験してきたことがすべて1本に繋がり、一生をかけて解決したい課題に集約された。今、自分がやらなければ、フィリピンで出会った患者たちは一生義足を買えずに家族の厄介者として死んでいくしかない。徳島さんは、神様がこのテーマに引き合わせてくれたのではないかという気さえした。

必要な人が義足を手に入れられる世界へ

帰国後の2015年から、世界初の3Dプリント義足の開発を進めてきた徳島さんは、2年を費やして最初の3Dプリンターとその材料、ソフトウェアのプロトタイプを完成させた。2017年3月31日に合同会社としてインスタリムを立ち上げ、1年後の2018年4月1日に株式会社化。翌年からフィリピンで義足の販売を開始した。開発・販売にあたっては、フィリピン最大の国立大学病院と連携し、約40名の義足ユーザーに対してインスタリムの3Dプリント義足を製造・提供し、3カ月にわたって試用してもらう実証試験も行った。ボホール時代に試作したプロトタイプとは違い、強度が高く、患者一人ひとりの足にフィットする。

インスタリムが画期的なのは、義足専用の3Dプリンター本体から、ソフトウェア、プラスチック材料までのすべてを自社開発したことだ。それにより、3Dスキャンから納品までに要する時間は24時間程度に短縮され、価格は1本2万ペソ程度（日本円で約4万円）と、既存の義足の約10分の1にまで抑えられた。それによって、途上国の貧困層が義足を手に入れられるようになるだけでなく、歩けないことで社会から取り残され、あらゆる選択肢や機会が奪われた状態の人々を社会復帰させ、貧困から抜け出せる可能性も付与している。

ところが、販売開始からほどなくしてコロナ禍に突入。徳島さんはオフィスに泊まり込み、金融機関に提出する資料や補助金申請書類の作成に奔走する日々が続いた。

「協力隊から帰国して義足が売れるまで、結局4年かかりましたが、ずっと苦境続きでした。めちゃくちゃ安い給料で家賃3万5000円のアパートを借りてひたすら研究・開発を続けました。なんとか義足が売れ始めたと思ったら、その後すぐに、新型コロナウイルスが蔓延して、会社を存続させるための資金調達に必死にならざるを得ませんでした。資金繰りには今でも苦労していますが、諦めてしまったらそれで終わり。たとえ失敗しても、諦めなければそれは失敗ではなくなります。成功という一つの道があるとしたら、失敗は検証にすぎず、間違った道を1本潰しただけのことだと思ってやり続けました」

そんな徳島さんのひたむきな努力とビジョンに共感し、エンジニア、義肢装具士、生産管理の専門家などの仲間が次々に増えていった。また、世界で最初の3Dプリント義足ソリューションを完成させ、フィリピンでの実証試験をクリアしたことで、慶應イノベーション・イニシアティブ、ディープコアといったベンチャー・キャピタルからの出資を受けることもできた。フィリピンでの製造・販売事業が形になっていくとともに、開発スピードも加速していき、コロナ禍が明けた頃には、インクルージョン・ジャパン、ミスルトゥ、三菱UFJキャピタルといった大手のベンチャー・キャピタルからも追加出資を受けることに成功した。

協力隊出身者であり、帰国後、インスタリムに入社した義肢装具士の岩根朋也《いわねともや》さん（ウズベキスタン／福祉用具／2018年度4次隊）は言う。

「国際協力の舞台で義肢装具を通じて諦めかけた夢を再び叶えるお手伝いをしたいと考え、協力隊に参加しましたが、コロナ禍で一時帰国を余儀なくされ、再赴任も叶うことがありませんでした。そんななかで出会ったのが、徳島さんが創設したインスタリムです。任期中、既存の材料を使っていかに質を上げられるかを考えていた私にとって、3Dプリンターによる義足は想像もしなかった画期的なものでした。これまで、途上国では義肢装具は寄付金を使って無料配布するのが一般的で、多くの人が恩恵を受けられる一方、使う側にもつくる側にもどうせ無料だからという心理が働いて、製品とサービスの質が向上しないという問題がありました。無料だけれど満足に使えないような製品をつくるより、インスタリムのように安くて質のいい義足を販売し、ＱＯＬ（Quality of Life）を上げることができれば、働いて経済を回すことにも繋がります。これこそが途上国支援の本質ではないかと思いました」

２０１９年７月からインスタリムに参画し、取締役ＣＴＯとして自動設計ＡＩアルゴリズム、３Ｄ‐ＣＡＤをはじめ、インスタリムのすべての技術開発を統括している今《こん》信《しん》一郎《いちろう》さんは、もともとアイシン精機のエンジニアだった。

「フィリピンでインスタリムのシステムに初めて触れ、自分が設計を手伝った義足を装着して歩く患者さんの姿を実際に見て、インスタリムに入社する決意をしました。自分が手がけた製品が患者さんの人生をどう変えたのか、リアルに感じられることに感動したのです。大企業で大きなプロジェクトの歯車として働き続けたとしても味わえない、患者さん一人ひとりの生活や人生がよくなっていく姿を見て、社会の役に立っている実感を得られることにやりがいを感じています」

インスタリムの義足ができるまでの流れはこうだ。問診したうえで、患部である脚の切断部の形状を３Ｄスキャナーで取り込み、そのデータを義足設計に特化した自社開発の３Ｄ‐ＣＡＤソフトに入力する。その３Ｄ‐ＣＡＤ上で形状データを補正し、義足用に開発した「フィラメント」といわれる材料を用い、自社開発の３Ｄプリンターで造形する。そこでで

義足を製作する3Dプリンター（左写真提供＝インスタリム、右写真撮影＝千川美奈子）

きた仮義足を試着してもらい、痛みや緩み、膝の拘縮がどれくらいか、ガニ股や内股になっていないかなどをチェックする。微調整を加え、ユーザーにとって歩きやすい最適な形状になった義足をもう一度スキャンする。試着時に得た情報も加えられ、３Ｄ‐ＣＡＤによる本義足の最終設計が行われ、３Ｄプリンターにより最終製品の造形がなされていく。

　最初期は義肢装具士が手作業で一から3Ｄ‐ＣＡＤでの形状データ補正作業を行っていたが、1回目のスキャンデータと2回目のスキャンデータの差をＡＩに学習させ続けたことで、今ではＡＩが義足設計のアシストをしてくれるようになっている。また、義足を装着した人の歩行分析を行うことで、義足が体に合っているのかを判断できるようなシステムを開発した。これにより、専門的な教育を受けていない人でもインスタリムが提供する研修を受けることで、義足を設計できるようにもなった。

インスタリムがこれまで提供した義足は約4年で3000本。2022年7月からは、インドでの販売を開始したほか、同年2月に勃発したウクライナ侵攻の影響で足を失った人々のために、100本の義足を提供するプロジェクトを実施した。約2カ月間で771万5000円という目標を大きく上回る金額が集まったが、さらに、戦禍が長引くウクライナへの支援を続けるために、現地の人たちにノウハウを伝え、義足の量産に向けた準備を進めることも検討している。

スマートフォンを用いて脚の患部を撮影することで、リモートで義足を設計できるシステムの開発も完了が目前となっている。これにより、これまでは移動が困難で義足を手に入れられなかった最貧困層の障害者や過疎地の住民に対しても、現地でスキャンしたデータを受け取ったり、3Dプリントした義足を宅配便で直接届けたりすることができる。

「世界のどこにいても、スマートフォンがありさえすれば、義足製作に携われるような仕組みができれば、3Dスキャンによって収入を確保するという、新しいビジネスを途上国の地方に成立させることができるはずです。そうすれば、さらに世界中にいる多くの人に義足を届けることができるようになるうえに、新しい雇用を生み出すことにもなります」

2023年、インスタリムは本社オフィスを、研究成果の社会実装を目指すベンチャー企業のためのインキュベーション施設であるセンターオブガレージ（東京都墨田区）に移転した。この他、フィリピン、インドにオフィスがあり、今後はウクライナ、インドネシア、マレーシア、ベトナム、ブラジル、エジプトなどへも進出する予定だ。

２０２２年度の時点で６４００万円だった売上は、２０２３年には2億円強になる見込みだ。このままの成長スピードを維持し、２０２７年度までには上場したい考えだ。上場する目的は二つ。一つは、上場して集めた資金でスピーディーに世界展開し、インスタリムの「必要とするすべての人が、質の高い義肢装具を手に入れることができる世界を実現する」というビジョンを達成すること。そしてもう一つは、途上国発の、途上国のために事業を行う日本のスタートアップが上場するという初の成功事例をつくり、後に続く道を拓くことだ。

世界に目を向ければ、30秒に1本、人の足が切断を余儀なくされている。糖尿病患者は世界中で激増しており、２０５０年までに有病者数は13億人に達するという予測もある。そして、その80%が低所得国・中所得国（ＬＭＩＣ＝Low and middle income countries）に集中しているという。

「世界中のあらゆる場所で簡単に使えるシンプルなソリューション、そしてシンプルなオペレーションをつくり、きちんと儲かる仕組みを成立させなければ、いつまで経ってもこの問題は解決しないと思っています」

世の中にはびこるアンフェアネスに屈することなく、苦境にある人々の声に耳を傾ける。

1本の義足が患者とその家族の人生を救うことを誰よりも深く理解しているからこそ、「世界中の人々がこの問題で苦しまなくていいようにしたい」という徳島さんの志は揺らぐことがない。まだ道半ば、世界中の下肢切断者と糖尿病患者に希望を与える挑戦は続く。

Column

〈インスタリムを支える人々〉

■丸 幸弘さん

株式会社リバネス 代表取締役グループCEO／株式会社ユーグレナ サイエンティフィック・アドバイザリー・ボード／リアルテックファンド共同代表

インスタリムに投資をしたベンチャー・キャピタルの一つ、株式会社リバネスグループは、国内外約140社にのぼるディープテックベンチャー（科学技術の集合体で未解決の課題を解決し、社会を変えるベンチャー企業）への投資・育成を手掛けている。代表取締役グループCEOの丸《まる》 幸弘《ゆきひろ》さんは語る。

「インスタリムの徳島さんとは、コロナ禍前、フィリピンのイベントで会いました。世界初の3Dプリント義足をフィリピン発で世界に広げていきたいという話を聞いて、面白いチャレンジをしているなと思いました。糖尿病や戦争で足を失ってしまった人たちは、義足がなければ歩けなくなり、運動能力も生活レベルも変わり、QOLも下がってしまう。いち早く義足をつくって届けることができたらこんなに素晴らしいことはない。私たちは世界の課題解決に貢献するために投資を行っているので、徳島さんはまさに志を同じくする応援すべき人だと思っています」

リバネスグループは、研究成果の社会実装を目指すベンチャー企業のためのインキュベーション施設「センターオブガレージ」（東京都墨田区）や「センターオブガレージマレーシア」（マレーシア・サイバージャヤ）を運営しており、インスタリムは墨田区にオフィスを構え、マレーシアにもオフィスを構える準備を進めている。

「ここを拠点にものづくりの仲間を増やし、ネットワークをフルに活用して、世界に最も貢献した人になってくれたらこんなにうれしいことはありません。徳島さんの場合は課題が明確で、それに対するソリューションも完成している。テクノロジーではなく、ソーシャルデザインのビジネスであるところも面白いと思っています。あとは、ちゃんと儲かる仕組みをつくれるかどうかが鍵だと思います」と期待を寄せている。

■髙木史郎さん

株式会社リバネス／株式会社グローカリンク 取締役

徳島さんが築きあげたファブラボ ボホールの活動を5代目協力隊員として受け継いだのは、髙木史郎《たかきしろう》さん（フィリピン／デザイン／2014年2次隊）だ。多摩美術大学時代の友人であり、徳島さんの活動に魅力を感じて、当時勤務していたデザイン会社を辞めて協力隊に参加した。2年10カ月のフィリピンでの活動中に株式会社リバネスと出合い、その理念に共感して帰国後の2017年に入社したという。現在は、テックプランターやセンターオブガレージマレーシアなどを運営しながら、友人として、ビジネスパートナーとして、徳島さんをサポートしている。

「徳島さんは困っている人のために自分の時間とエネルギーを割ける人。だからこそ義足のソーシャルビジネスという難しい課題に向き合い続けられているのだと思います。私自身も、徳島さんの影響で協力隊員としてフィリピンに行き、人生が変わりました。貧困層向けの製品をどうマネタイズ（収益化）して世界に広げていくか。今後の道のりも決して平坦なものではないはずですが、二人三脚でやっていけたらと思います」

CASE2
TEXT：秋山真由美
PHOTO（扉）：千川美奈子

CASE1
CASE2
CASE3
CASE4
CASE5
CASE6
CASE7

目指すのは 地域の力で創る、ひとりぼっちをつくらない地域・社会

NPO法人Teto Company

理事長　奥 結香さん

JICA海外協力隊の派遣国：マレーシア　職種：障害児・者支援

派遣期間：2014年10月～2016年10月・大分県出身

大分県竹田市から始まるインクルーシブな社会
「誰もが居心地よく過ごせる多世代・多機能交流拠点」

笑顔がいっぱい。誰もが集いたくなる家

「障害のある方もご高齢の方々も子育て中の親子も、誰もが居心地よく過ごせるインクルーシブな地域をつくる」

言うは易く行うは難しの目標だが、これを大分県竹田市で実現し、仲間とさらなる定着を図りながらこの輪を広げていこうとしている人がいる。ＪＩＣＡ海外協力隊員としてマレーシアで活動した後、２０１７年に地域おこし協力隊として竹田市に移住した奥《おく》結香《ゆいか》さんだ。

理事長を務めるＮＰＯ法人Teto Company（以下、テト・カンパニー）は、竹田市内で多世代・多機能交流拠点の「みんなのいえ カラフル」（以下、カラフル）と「Ｈａｒｕ＋」（以下、ハルタス）を開設・運営している。いわゆる子ども食堂や地域の人の集いの場という機能だけではなく、カラフルでは平日午後などを中心に、発達に課題のある未就学児～高

校3年生に向けた放課後等デイサービス・児童発達支援「アソビバTeto」（以下、テト）を行う。一方、ハルタスでは、地域の高齢者に向けたデイサービスを行う。両施設とも賑わいを見せており、多様性を認め合う多文化共生社会に注目が集まる昨今、月に1～2件は全国から視察や見学者が訪れる竹田市の話題のスポットとなっている。

自分の思いを言葉にできた男子中学生

ある金曜日の午後、カラフルにおじゃました。築100年を超える木造建築を改修した施設で、江戸時代に岡藩の城下町として栄えた竹田市の中心部にある。ガラスの引き戸を開けて中に入ると、玄関と打合室があり、その奥に広いダイニングとキッチン、さらに奥が二部屋分の和室、さらに奥に進むと体を使って遊べるプレイスペースが広がるという、ウナギの寝床のような間取りだった。二階もあり、打合室の上は幼児向けルームが二部屋、和室の二階は小中高校生の学習スペースと、細かく仕切られていた。

カラフルでは、曜日や時間によって利用者を限定して受け入れている。取材に伺った平日午後は、発達に課題のある子どもたちを受け入れる、テトの日。

まだ数人しか集まっていない早めの時間帯、到着した子どもたちはスタッフと話をしたりとのんびりしていたが、学習スペースを覗くと、机に一人で向かい、熱心に算数の問題を解いている児童がいた。じゃまにならないよう、そっと部屋を出て今度はプレイルームへ。ここにも一人、ハンモックに座ってノートを見ている男子中学生の姿があった。声をかけたところ、テトでは中高生とスタッフが胸の内を語り合う「しゃべり場」という時間を月に1回程度設けており、その時間に皆の前で披露したいと歌の練習をしているという。ある男性アイドルグループの曲で、高校を卒業したら独り立ちするテトの仲間に向け、応援のメッセージを歌に託したいとこっそり練習していたようだ。お願いしたところ、はにかみながらもアカペラで歌ってくれた。澄んだ声がプレイルームに響いた。

ダイニングルームに戻ると、児童・生徒の数が増えていた。走り回って遊ぶ子どもたちのなかで、盛り上がり過ぎて感情を抑えられなくなっていた小学校低学年の男児を、抱っこしながら落ち着かせている男子中学生がいた。「小さい子たちの面倒を見るのは大変だけど、僕もここで世話になったから」と話す彼もやはり、次の土曜日にある「しゃべり場」の時間を楽しみにしていると教えてくれた。

二人の中学生が話していた「しゃべり場」とはどんなものか？　奥さんに聞いたところ、自分の考えを人に伝えるのが苦手な子どもたちのために、毎回テーマを決めて語り合うトレーニングの場として中高生を対象に始めたものだという。「思春期の子どもたちなので嫌

奥さんは子どもたちから「おくちゃん」と呼ばれて大人気。全力で遊ぶ（撮影＝干川美奈子）

がるかもしれないと思って、最初は私たちスタッフが自分のことを皆に話したんです。そしたら、意外とみんな気に入ってくれて。騒ぐのが好きな小学生がいない場所で落ち着いて本音を話し合える場として、楽しみにしてくれています」。

先ほど男児をあやしていた中学生も、かつては自分の感情をコントロールしながら周囲に自分の気持ちを伝えることができなかったようだが、テトで奥さんやスタッフと話すうちに少しずつ変化が見られ、今では自分の考えを落ち着いて伝えられるようになったそうだ。

この日は天気が良く、子どもたちの発案で近くの公園に遊びに行くことになった。小学生から高校生まで、幅広い年齢の子どもたちが一緒になって遊具などで遊び、最後は鬼ごっこをして、全員で思い切り声を上げて走り回った。テト・カンパニーでは、スタッフは普段着で制服はない。この日のように子どもたちと外に出たとき、「施設の人と特別な支援が必要な子ども」といった目で見られないようにするためだという。そこにも、地域から多文化共生社会を創ろうとする奥さんの思いが窺える。

ただごろごろしてたっていい居場所

翌土曜日のカラフルは、朝から14時まで、障害の有無に関係なく、地域の誰でも利用できる日だった。のどかな地方の町で土曜日の朝から人が集まるのかと思っていたが、軒先にのれんがかけられるや否や、続々と利用者が入ってきて驚かされた。

「小学校がある日は6時30分に起きるんだけど、今日は6時に起きた。とっても楽しみにしてたから！」と元気よく教えてくれた女の子は、じゃんけんゲームで盛り上がる小中学生の男の子らの輪に加わった。「近くに一人暮らしでここにはおしゃべりしに来ているの。あなたも座ったら」と話しかけてくれたおばあさんがいるテーブルは、ご高齢の方々で早くも席が埋まりそうだ。自分たちでお茶を入れて、お菓子を食べながらおしゃべりに興じる。台所でスタッフと昼食の準備にかかる男子高校生、そこに庭で採れたカボスや自家製の漬物の差し入れをするおじいさんが加わって……と、皆が誰にも気兼ねせず思い思いに過ごしている。他の子どもたちが大騒ぎする横で、座布団やクッションに顔を埋めてゴロゴロしている女子中学生もいた。スタッフによると、新学期が始まったばかりなので疲れを感じている生徒も少なくないそうだ。

この日の昼食の献立は「ご飯、手羽元とナスのてりてり煮、豆腐とわかめのお吸い物、梨」で、子どもは無料、大人は300円。テトで包丁の使い方を学んでいる生徒らが日頃の成果を披露すべく、真剣に梨の皮むきに挑む姿も微笑ましい。

梨むきが最もうまく、皆から尊敬の眼差しを向けられていたのは、名前が彫られたマイ包丁を持った男子高校生だ。テトで包丁使いを習い、すべての項目をクリアすると、自分の包丁を授与されるという。もともとは包丁を握ったこともなかったが、今では家で魚をさばくまでになった。「家ではおばあちゃんが料理上手で、『あんたはまだまだ』って手伝わせてもらえないんです」と謙遜するが、テトでできるようになったという米とぎをしたりして、率先して昼食準備をしていた。

専門学校で目を向けた、障害者福祉の道

現在30代の奥さん。ＮＰＯを立ち上げるまでには多くの経験をし、土台を築いてきた。

高齢者介護の仕事に就きたいと、高校卒業後は専門学校へ。そこで障害者福祉に目を向けることになる。「卒業に向け、障害者施設での実習がありました。もともと高齢者介護の仕事に就きたいと思っていたので障害者施設にはあまり関心がなく、実習に行ったばかりの頃は障害のある方々に対して、健常者のようにできないことへの哀れみのようなものを持って対応してしまっていました。でも、実習を終える頃にはまるっきり変わっていました。彼らと一緒にいる時間が幸せに感じられるようになっていたんです。嬉しいときには笑顔になって、悲しいときには泣く彼らを前に、『私は、こんなに素直に生きているかな』って、そこに感動したんです」。

高齢者介護から障害者福祉へと進路転換し、専門学校では介護福祉士の資格をとり、最優秀学生賞を受賞して卒業した。その後は重症心身障害児・者施設に就職。やりがいを持って仕事に励んでいたが、入所者との外出時など、強く世間の差別や偏見の目を感じ、新たな疑問を持つようになる。施設では入所者の方々が外出できるのは年に1回だけだった。気軽に

行きたい場所にも行けないうえに、外出したとしても差別や偏見の眼差しを向けられてしまう。これで幸せなのかと悩んだという。どうやったら障害児・者への差別や偏見がなくなるか――。そう考えたときに思い出したのは、かつての自分の姿だった。

専門学校の実習に入った頃までは私も偏見があったけれど、一緒に過ごすことで変わった。重度障害のある方々の場合、大人になる前の義務教育が偏見を助長していて、健常者用の普通校と障害のある子ども向けの特別支援学校、一般クラスと特別支援教室のように、分けられていることが問題なんじゃないか。そう考えた奥さんは、学校現場に入って調べてみようと、通信教育で教員免許を取得し、今度は大分県内の特別支援学校の教員に転身する。

「教員としてどうやったら学校を変えられるのか、障害の有無や国籍、宗教などに関係なく皆が同じクラスで授業を受ける『インクルーシブ教育』について調べたり、学校外の研修会や勉強会にも自費で参加したりしていました。勤務していた校長先生の意見を聞きに行ったりもしましたが、納得のいく答えにはたどり着きませんでした」。校長職に就けば、学校自体は変えられるかもしれない。しかし校長職に就ける年齢は45歳以上とまだかかるうえ、校長職に就けたとしても、日本の学校の制度自体を変えられる保証はない。だったら学校を飛び出してもっと様々な経験を積もう。そう思って目を向けたのが、ＪＩＣＡ海外協力隊だったという。

「発達障害に関わるセミナーに参加した際、『言葉でのコミュニケーションが取れない自閉症の子は、一人で海外に取り残されたようなもの』という話を聞いていたので、自分がその立場に立って気持ちを知ることで、より彼らに寄り添った支援を考えていきたいという気持ちがありました」。専門学校を卒業した20歳のとき、福祉を変えたいと思い、10年間は知識や経験を積む期間と思っていたという奥さんは、こうして2年半の教員生活に終止符を打ち、ＪＩＣＡ海外協力隊への参加を決めた。

「地域」のキーワードに気づいた協力隊時代

派遣前訓練などを経て、マレーシア・サラワク特別支援教育サービスセンターへ、障害児・者支援の職種で派遣されたのは２０１４年の秋、27歳のときだ。要請内容は、サラワク州内の小中学校の特別支援学級を巡回し、授業改善のアドバイスや教員指導、教材・教具の作成支援などを行うことだった。

「私のカウンターパート（※配属先でＪＩＣＡ海外協力隊員とともに行動し、活動に協力してくれるパートナーのこと）は作業療法士の資格を持っていて、やる気のある方でした。マレー語の拙い私の伝えたいことをうまく文章にしてくれたので、１カ月後にはワークショップを開くことができました」と振り返るように、奥さんの職場環境は悪くなかった。しかし、現場で目にした特別支援学級の状況はひどいもので、重度の障害者を閉じ込めたり、体罰を与えていたりといったことが日常的に行われていた。

「自閉症の児童が南京錠をかけた部屋に入れられていて、トイレに行きたいからとズボンをその場で下ろしたら教員にひどく叱責されていました。自分でトイレに行く体力はあるのに伝える術を持たないがために、できない烙印を押されて閉じ込められている。悲しくなって、誰もいない場所へ行って一人で泣いてから、先生たちのもとに戻って『一緒にやっていきましょう』と声をかけたこともありました」

当時、「卒業したら子どもたちはどうなるのか」と尋ねた奥さんの質問に答えられる教員はいなかった。学校だけではなく、地域に目を向け、障害のある方々も地域の一員と認識してもらわないとダメだと感じた奥さん。そこで企画したのが、『障害児・者とその家族の生活の質の向上の為のフォーラム・研修会』だ。3日間にわたって行われた同フォーラムは、障害児・者支援に関わる教員や保護者だけでなく、NGO職員ら約500人が参加した。日本から応用行動分析の専門家を講師に招いた研修会のほか、現場の取り組みの共有やディスカッションなどを行い、大成功を収めた。

「大規模なフォーラムで運営資金を工面するため、福祉大臣に直談判に行ったりしました。

苦労も多かったので、フォーラムの成功は自分にとって大きな自信になりました。日本では勝手に自分で限界をつくっていたけれど、それを超える体験をさせてもらえたと思っています。これが日本なら言葉の壁もなくやりたいことが実現できると思えました。なにより、学校や施設ではなく地域に目を向けるきっかけをつかめたのは、大きな収穫でした」

竹田市で出会った最強おばあちゃん

マレーシアで、「孤立する人をつくらないためには、学校や施設単体ではなく、連携し合える社会を創る必要性に気づいた」という奥さんは、2016年に帰国し、【ひとりぼっちをつくらない地域・社会をつくる】というビジョンを固めた。それを実現するため、「世代も、障害の有無も、性別も国籍も超えて、誰もが集える居場所」をつくることに決め、翌年その思いや提案を受け止めてくれた竹田市に地域おこし協力隊として移住した。

「竹田市は、最初に市役所に行ったときにも、担当課だけでなく、他の課とも横の連携をしてくれて、ここでなら自分のビジョンが実現できると感じました。地域おこし協力隊になってからは、まずは自分自身のことや、自分がやりたいことを知ってもらおうと、自己紹介チラシを持って地域を回りました。最初は門前払いされることもありましたけど、話を聞いてくれる人もいました」

　その一人が、障害のある方の就労支援施設「社会福祉法人やまなみ福祉会」の元理事長、川口《かわぐち》芳之《よしの》さんだ。川口さんは奥さんの話を聞き、「あなたの思いは素敵だから、お金が理由で諦めちゃだめよ」と、現在カラフルになっている古民家を無償で貸してくれた。

「ここは私がある方から譲り受けた元個人商店だったんです。ある日奥さんが挨拶に来られて、『地域の人が集まれる場所をつくりたい』といった話をされたんですね。初対面の空気感で、奥さんの価値志向性、つまり健全な人権感覚が伝わってきました。ちょうど竹田市の街並み保存の一環で改修しようということになっていましたので、ここを改修して使ったらとお伝えしたんです」と川口さん。

　そう言われた奥さんのほうは、初対面の自分を信じてそんな申し出をしてくれていいのかと驚いたそうだが、トントン拍子に話が進んだ。

「改修は、お金をかけないように極力自分でやりました。川口さんはホコリまみれに

カラフルのオーナー、川口さんと（写真提供＝テト・カンパニー）

なっている私を見て笑いながら、『お金がないことはいいことよ、工夫が生まれるからね』なんて言って、夜も作業する私にご飯をつくってきてくれました。いつも80代とは思えないバイタリティで『なんとかなるのかも』と思わせてくれる方です」

こうして、地域おこし協力隊の2年目にあたる2018年10月には、カラフルが開所。翌年、カラフルの運営基盤を固めるべくNPO法人テト・カンパニーを設立した。「カラフルの改修費などは、日本政策金融公庫と地元の銀行に半々で融資してもらいました。大分県の教員時代の友人のお兄さんが放課後等デイサービスを運営していたので、事業計画の立て方を教えてもらったり、書類を見てもらったり、頼らせてもらいました」。

2023年4月には二つ目となる多世代・多機能交流拠点ハルタスも開所し、今に至る。

居心地がいい場所づくりは、なぜ実現したか

近年、全国的に子ども食堂などの地域の居場所が増えているが、奥さんが運営する二つの施設の一番の特徴は、専門資格を持ったスタッフがいる多世代・多機能交流拠点であることだ。奥さんも介護福祉士、保育士、教員免許を持つが、スタッフも介護福祉士、保育士、作業療法士、理学療法士、社会福祉士などの資格保持者を揃えている。それ故、できないこと

カラフルの前でスタッフたちと（撮影＝干川美奈子）

や課題がそれぞれ違う利用者に対しても適切な対応ができる。

「地域おこし協力隊時代、保護者の方から子どもの引きこもりに関する相談や大人の発達障害についての相談をよく受けました。なかには『自費でいいから子どもの療育をしてほしい』という要望もありました。個人で受け入れると利用者の負担額が高額になり過ぎてしまいますが、発達に課題のある児童・生徒に向けた『放課後等デイサービス』の事業にすれば、国や自治体の利用料補助があるので利用者の負担を減らすことができます。介護保険制度に基づいた高齢者向けの『デイサービス（通所介護）』事業も同じ理由です。各専門職を雇用できる体制にすることで利用者の金銭的負担を軽くし、安心して利用してもらえるうえに継続性のある事業にできる。そういった理由から法人化しました」

当然ながら、専門スタッフの知識だけでなく、意識的な関わり方も大きな要素だ。

放課後等デイサービス管理者の児玉記子《こだまのりこ》さんは、専門性が違うスタッフが集まっているからこそ、子どもたちへの対応ひとつとっても見え方も考え方も違い、最初は悩んだという。

「皆で話し合いを重ね、いまはお互いの専門性やいいところを引き出してやれるようになりました。いま、スタッフは皆、気を張りながら利用者の方お一人お一人を見ていますが、それを感じさせないようにふわっと振る舞えるようになっています。利用者の方に話してもらったりやってもらったりしたいので、上手に甘えるように皆が心がけているんです」

カラフルの大家である前出の川口さんは、ドイツの思想家・フリードリヒ・シラーの「美しき魂（道徳的思考）の理論」になぞらえ、奥さんを「相手に使命を遂行させる力がある」と評している。「美しき魂は、みなさんそれぞれ内に持っているものですが、それを奥さんが引き出しているんです。だからカラフルやハルタスでは、スタッフの方も利用者の方も、みんなで支え合える空気ができているんですよ」。

奥さんのパワーが小さな町を変えた

人口2万人、高齢化率49％を超える竹田市において、２０２４年1月末現在、テト・カンパニーでは、常勤職員9人、非常勤職員4名、大学生サポーター13名のスタッフがおり、地域のあらゆる人々に門戸を開いている。そのため、奥さんは竹田市総合計画審議会委員、竹田市社会福祉協議会評議員、竹田市要保護児童対策地域協議会メンバー、竹田市制服検討委員会委員など、様々な会議に参加し、横の繋がりを強化している。

竹田市社会福祉協議会の吉岡庸博《よしおかつねひろ》事務局長は、認知症の母親を持つ知り合いの方から聞いた「母親がカラフルに通い始めて落ち着いた。母親が単なる利用者としてではなく、カラフルに行けば役割を与えてもらえることがうれしいようで生き生きしてきた」という言葉が特に印象に残っているそうだ。

「自分の〝思い〟を持つ人は多くいらっしゃいますが、それを実行に移す行動力を兼ね備えた方は非常に少ないと思います。奥さんがご自身のコンセプトやビジョンを常に外に向け発信し続けてこられたことに加え、持ち前の明るさやポジティブな人間性が竹田市民の共感を呼び、自然と人が集まっている状況は、外部に見せない努力に加え、奥さん自身の〝人間力〟そのものだと感じています。希薄化した現代社会のなかで、日常の当たり前の生活や何気ない人との交流こそ〝本当に幸せな時間〟だということを、カラフルやハルタスの事業運営を通じて広く発信していただいています。これからもさわやかな笑顔で竹田市に優しい風を吹き込んでいただきたい」とコメントを寄せてくれた。

竹田市の土居《どい》昌弘《まさひろ》市長も、「竹田市におけるインクルーシブ最先端」と奥さんを評価する人の一人だ。土居市長は20代で竹田市に帰郷してから「竹田精神保健ボランティア養成講座」を受け、ホームヘルパーや認知症サポーターなどの資格を取得したりしており、多文化共生社会への関心がもともと高いこともあって、奥さんの存在を頼もしく感じている。

「竹田市は高齢化率が49%を超えているうえに２０２２年度の出生者数は66人、２０２１年度は65人でした。小中学校の統合も増え、現状小学校は11校、中学校は4校と、少子高齢化は喫緊の課題です。そうしたなかで、奥さんの施設では多世代交流を実現し、集まった方が生き生き暮らせる環境づくりをしてくださっている。素晴らしいことです」

現場で奥さんと接してきた竹田市社会福祉課の後藤《ごとう》いずみ課長は、「行政が行おうとすると、カリキュラムを決めてしまいがちです。ところがカラフルやハルタスでは、自宅にいるような温かみのある空間で、利用者が日常生活を送るような形で過ごしながらも、トレーニングができている。あの施設に行かなきゃいけない、ではなく、自然に集まれる場、というところもいい」と、奥さんが高齢者福祉や放課後等デイサービスの仕組みに新たな視点をもたらしたと話す。

それを聞いて、カラフルに来ていた一人の高齢女性の言葉を思い出した。「若い人たちは私たちのことがわかってないのよ。70年以上も生きて、たくさん働いてきたのに、わざわざ高齢者向けの施設に行ってやりたくもない健康維持のための運動なんてしたくないのよ。私たちは同年代の人たちや先輩たちと気ままに話ができる場が住まいの近くに欲しいの」。そう話し、自分の家の近くに大人が集えるサロンを開こうとカラフルに学びに来ていると言っていた。

「地方であっても核家族化が進み、祖父母と同居する若い方が減り、高齢者の独居や、高齢夫婦だけの世帯も増えています。カラフルやハルタスで自然と多世代交流をすることによって、若い人は頼れる人を見つけられ、高齢者は自分にはまだこれができる、という喜びを感じられる。魅力的な活動をしてくださっていると思います」と後藤課長。奥さんを応援する地域の人々とともに賑やかな多文化・多世代交流をつくり出す奥さんには、竹田市に対しても積極的に提言していってほしいそうだ。

頼り頼られるからこそ来たくなる場

別の日、ハルタスにも伺った。こちらはしばらく空き家だった築60年の庭つき一軒家を買い取り、2年かけて改築した多世代・多文化交流拠点で、デイサービスの役割もあるが、休館日以外はいつでも誰でも利用できる。「ありがたいことに、カラフルではテトが定員に達しました。子どもたちの発達に合った支援を丁寧にしていくことも必要なので、カラフルで誰でも集える場は現在週3日のみです。地域のお年寄りがゆったり過ごせて、いつ誰が来てもいい場も必要と考え、ハルタスをつくりました」と奥さん。

朝、スタッフが送迎するデイサービス車でやって来たのは、90代を中心とした利用者の方々だ。お茶を飲んで一息入れたら、ハルタスのスタッフに頼られながら皆で献立を決める。「普段は家族が調理をするので、やることがない」と話すおばあさんも、ハルタスではスタッフから「この野菜もらったんだけど、どうやって調理したらいい？」「味付けはやっぱり○○さんじゃなきゃね。お願いします！」などと声をかけられ、汗をふきながら台所に立つ。

幼稚園が休みで来ていた幼児に野菜の切り方を教える役目を担ったり、味見役を任された

ハルタスで、高齢者も幼児も一緒に昼食の支度（撮影＝干川美奈子）

りと、昼食づくりも、片づけも、皿ふきも、その場でなんとなく役割が決まり、スタッフと一緒に賑やかに進んでいく。決して急かしたり、気を利かせた誰かがやってしまうこともなく、利用者らのペースで、おしゃべりしながら、ゆっくりと、いつの間にかいろいろなことが進む。特別な時間割を設けて体操や認知症予防の訓練をしたりするのではなく、日常生活のなかでそれぞれができることを自分のペースで行う、それが自然に心身へのリハビリになっている。

食卓を囲んで、お茶をしていたとき、戦後の思い出話や苦労話を楽しそうにしてくれていたおばあさんが突然、「本当は長生きなんてしないほうがいいのよ、辛いことも多いからね」と、ぽつりと言った。だが、ほかの利用者から話しかけられるとすぐに笑顔になり、別の話題に移っていった。

　年を重ねるごとに大切な人を見送ることも増えていく。若い頃のようにはできないことが増えていき、周囲がやってくれるようになると、やることがなくなっていく。そうした日々のなか、時折襲ってくる寂しさを、ハルタスでは忘れることができるのだろう。ほかのお年寄りやスタッフ、遊びに来た利用者らとおしゃべりして、自分たちのペースで、ご飯をつくって、片づけをして、スタッフから大いに頼られることは、人間の尊厳を保つ大きな要素だ。筆者が食後の片づけに席を立とうとすると、「みんなでおしゃべりしながら行うから、あなたはいいのよ。ここに座ってお茶して」と逆にいたわってもらったのだった。

　お昼に赤ちゃんを連れたムスリム（イスラム教徒）の女性が訪れた。ハルタスの近所に住むパキスタン人の方で、以前、市役所から紹介されて覗きに来ていて、今回が2回目の利用だという。おばあさんたちも幼稚園児も興味津々に集まってきたものの、言葉がわからないからと尻込みする人たちもいた。そこで奥さんが翻訳アプリを使うなどしながら間を取り持ち、お互いを紹介した。すると自然に、皆が赤ちゃんを囲んでゆったりと過ごすようになっていった。特別な会話がなくても、誰もがそこにいていいと思える穏やかな空気がそこにはあった。

地域の課題、一つひとつに向き合い、目指す社会へ

竹田市では、市内に11校ある小学校のうち、7校は全校児童数が50人を下回っており、保育園から中学校までクラス替えがないケースもある。クラスのなかでいじめにあったり、居心地の悪さを感じて不登校になったりする児童もいる。そこでカラフルでは、学校・家庭以外の居場所を持つことや「大人と子ども」ではなく、斜め上の関係性をつくろうと、大分県内の教員を目指す大学生と地域の子どもたちが、遊びを通じて関わり合うイベントを月に1回行っている。

こうした取り組みの結果、カラフルは開所後4年間で来館者が延べ1万人を超える人気ぶりだ。コロナ禍で一時閉館したものの、利用者の強い要望を受け食事の提供なしで交流の場を継続させてきたという。ハルタスでは開所日はいつ誰が来てもいいようにしているが、月に2回、介護予防・通いの場として地域の高齢者が集い、ゲームなどを通して認知症を予防したり、地域の高齢者同士で交流を持てる機会の場もつくっている。

地域の課題一つひとつに向き合い、居場所をつくり上げている奥さんに今後の目標を聞いたところ、直近では、ハルタスに入浴施設の増設や、地域の子どもたちが集える駄菓子屋を

つくったりといったことも計画しているが、将来的な目標は、全国にノウハウを伝えていくことだという。

「大きな組織にするというよりも、法人のビジョンである『ひとりぼっちをつくらない地域・社会をつくる』ために仲間を募り、それぞれがその地域・人に合わせた居場所づくりを行うことによって、多様な居場所の選択肢が全国にあるという状態にしていきたいと思っています」

そのために、奥さんは2023年の秋以降、オンラインで経営大学院に通ってビジネスの知見を広げたり、政治について学ぶ機会をつくったり、JICA海外協力隊起業支援プロジェクトを活用したりと、まだまだ可能性を探っている。

陰ながら人一倍努力し、考えながらも、常に明るくポジティブな奥さんのもとへ、今日も人々が集まってくる。奥さんはおのおの良い部分を引き出し、皆の力で居心地のよい場を作り上げる。それができるのは、奥さんが相手の気持ちを全力で受けとめているからだろう。日本中で過疎化・少子高齢化が進むなか、学校や自治体任せにしないテト・カンパニー流「地域力の育み方」が求められている。人口2万人の竹田市から、誰一人取り残さない社会づくりが始まっている。

Column

〈テト・カンパニーを支える人々〉

■川口芳之さん
NPO法人Teto Company　理事、カラフルオーナー

カラフルの大家さん、川口芳之さんがなぜ初対面の奥さんに協力を申し出たか。それには川口さんの生い立ちと思想が関係している。

「かつて地域の人に助けられた。私には『負債』がある」と話す川口さんは竹田市出身。幼い頃に両親を亡くし、戦争孤児として地域の人たちに育ててもらった。「昔は、地域社会が身寄りのない子どもを抱えてくれるのが当たり前で、育てるだけじゃなく、教育もしてくださったんです」。例えば川口さんが10歳くらいの頃。農業を営む地域のおじいさん、おばあさんを手伝い、お昼の時間になった。お箸がないから、竹を切ってお箸をつくってと言われ、3膳分のお箸をつくる。食事をしながら、「大きくなったら、どんな人になりたいか」と聞かれたり、おしゃべりをしたりする。食事後、お箸を手に持ったおじいさんが、「箸のてっぺんがおじいさん、おばあさんがいる場所だとしたら、あなたはまだ下から3センチくらいのところにいる。この先、たくさん希望があるし、たくさん苦しいこともある、

それは楽しいことなんだよ」と話してくれる。そうやって丁寧に、態度と言葉をもって教育してくれたという。

「東京の玉川大学の通信教育部に進んでからも、聖書研究会に来られていたご婦人が、いつも同じ服を着ている私を見て、こそっとポケットにお金を入れて帰って行かれました。また、誰かが教会の引き出しに私の学費を入れてくれていて、どなたがと聞いても、『あなたは知らなくていいのよ』と言われました」。周囲の助けを借りてきた人生のなかで、ペスタロッチの思想や、シラーの「美しき魂」の理念を学んだ。

その後、川口さんは幼稚園や中野区の教育委員会などに勤務していたが、結婚した同郷の夫が精神疾患を患っていたため、そうした人たちが集まって就労できる拠点をつくろうと、竹田市に戻り、最初は自宅を開放して縫物仕事などを請け負った。その後、竹田市からプレハブを2棟譲ってもらい、障害のある方の小規模就労支援施設「やまなみ福祉会」を開所した。とはいえ資金繰りは厳しく、給料の半分を施設運営費にあてながらなんとか活動を続けたという（※現在、やまなみ福祉会は他の方が引き継ぎ、社会福祉法人として就労継続支援や自立訓練、グループホームなども運営）。

奥さんは川口さんを「絶対勝てない方」と愛情をこめて評する。「必要ならやるという姿勢を、私はいつも尊敬しています。社会に絶対必要だと思ったら自分だけでも突っ走れる方で、まずお金の計算や経営が成り立つかという観点ではないんです。そしてやり遂げてしまう力があります」。

川口さんは、地域で助け合いの心が育まれる場所を大事にしたいという思いがあり、将来的にカラフルの物件を、テト・カンパニーに寄贈したいそうだ。「子どもたちが10年後、どんな職業に就くか、どういう厳しい時代になるかはわかりません。でもここでお年寄りや上の年齢の子どもたちから、泣き叫んでいたところを抱っこされたり、頭を撫でてもらったりする。そうしてつくられた人間としての土台はこの先60年も80年も続き、その子の内に生きてきますから」。

■児玉記子さん

NPO法人Teto Company　放課後等デイサービス管理者

■舞弓　愛さん

NPO法人Teto Company　児童指導員

竹田市で生まれ育っていても、仕事を得るために竹田市を離れてしまう若い人が増えていくなかで、カラフル、ハルタスには有資格者が市外からも集まっている。そのわけを、カラフルの立ち上げから関わる二人の職員にお聞きした。

放課後等デイサービス管理者の児玉記子さんは、大阪府出身の元保育士。「大阪の保育園で17年間働いていました。園長先生も同僚も尊敬できる方々で、子どもたちもかわいい。でも例えば3歳児クラスなら保育士1人で20人以上を見なければならず、発達の気になる子どもがいてもその子だけを丁寧に育てることは難しくて。園の方針は素晴らしくて今も交流があるんですが、国や自治体の方針でさらに子どもを受け入れなくてはならなくなったりして、これでいいのかと疑問を持ちながら仕事をしていたんです」。

辞めて学び直したい気持ちもあったが、30代後半で副主任などもしており、日々の業務に追われていた。その頃、共通の友人がいたことで奥さんのSNSをフォローするようになり、直接やりとりするようにもなった。

マレーシアで孤軍奮闘する奥さんの活動を見てきた児玉さんは、奥さんから帰国後にカラフル立ち上げの話を聞き、「放課後等デイサービスや児童発達支援を仕事としてできるなら、保育士の仕事も活かせるし、やってみようと思った」という。「マレーシアでのフォーラム開催が白紙に戻りかけたこともあったんですが、やり抜きました。奥さんには人を引き付ける力があるんだと思います。そんな奥さんとなら、子どもたちが『自分たちは愛されている』と感じられる場所をつくっていけるんじゃないかって思いました」。

こうして児玉さんは思い切って大阪での仕事を辞め、竹田市に移住しカラフルに参入した。とはいえ、勝手を知った仲であっても、意見の相違はあった。

「奥さんはスピード感を持って並行して仕事を進めていくんですが、私はカラフルのいまお預かりしている子どもたちのケアをもっとしっかりしたほうがいいという考え。ハルタスの開所も当初はまだ早いと感じました。そんなときはいつも舞弓さんが間に入ってくれて話し合いました。この3人だからこそ、やってこられているんだと思います（笑）」

その舞弓さんというのが、児童指導員の舞弓《まゆみ》愛《あい》さん。大分県宇佐市出身で、放課後等デイサービスを立ち上げるにあたり、長年勤めた教育事務職を辞めて竹田市に引っ越してきた。

「もともと定年を迎えたら、皆が集えるカフェを開きたいと思っていました。子どもたちが勉強しているかたわらで親御さんたちが情報交換できるような場所です。それをカフェ巡りが好きな友人に話をしていたところ、偶然カラフルを見つけて、情報を送ってくれたんです」

学生時代に、教員になるか教育事務に従事するか悩み、教員免許はとったものの裏方の事務を選んだという舞弓さんだったが、カラフルに見学に来て心を決めた。

「子どもたちの成長を感じながら多世代が交流する場というのが、自分の理想としているカフェに近かったんです。見学に来て過ごしてみたら、緊張せずに一日自分のままでいることができました。ここならと思いました」

実際に働いてみて、児玉さん同様、奥さんの行動力、決断力、スピード感に圧倒されつつも、立ち上げメンバーだからこそ、奥さんの葛藤も見てきたという。「それぞれのスタッフをまとめながら運営するのは大変だと思います。でもスタッフの細かな部分まで気にしてフォローできるのが奥さん。組織を引っ張っていく人はこういう人なんだと感じます」。

CASE3
TEXT・PHOTO（扉）：千川美奈子

目指すのは 専門家の力で、存在を認め合い手を取り合える多文化共生社会

NPO法人 国際活動市民中心（CINGA）
コーディネーター　新居みどりさん
JICA海外協力隊の派遣国：ルーマニア　職種：青少年活動
派遣期間：1999年4月～2001年4月・京都府出身

東京都千代田区から誰もが暮らしやすい社会を目指す「外国人支援を行う全国からの相談に対応」

円と円を繋ぐコーディネーター役として

出入国在留管理庁によると、2023年6月現在における在留外国人数は322万3858人。昨年より4・8%増加で、過去最高を更新した。上位5カ国は、中国、ベトナム、韓国、フィリピン、ブラジル。在留資格別では、永住者が最も多く、次いで技能実習、技術・人文知識・国際業務、留学、特別永住者となっている。日本に暮らす外国人が増えると、当然ながら外国人の「困りごと」も増える。生活や在留資格、仕事、教育、医療……、外国人が抱える様々な問題や悩みを解決に導く活動を行っているのが、NPO法人 国際活動市民中心「CINGA（Citizen's Network for Global Activities＝シンガ）」だ。

シンガの主な活動は、次の四つ。

【外国人相談】

日本に暮らす外国人の「困りごと」について、弁護士や行政書士、社会保険労務士、労働相談員、精神科医など専門家とともに無料で相談に応じる。「東京出入国在留管理局」「外国人技能実習機構（ＯＴＩＴ）」「責任ある外国人労働者受入れプラットフォーム（ＪＰ‐ＭＩＲＡＩ）」など、全国規模の相談窓口を受託する事業も行ってきた。

【地域日本語教育】

文化庁の受託で「地域日本語支援者のためのカリキュラム開発事業」「ＣＩＮＧＡ日本語学習支援者研修プログラム普及事業」「『生活者としての外国人』のための日本語教育事業」などを行う。同じ地域に住む人たちの国際理解と相互理解の場としての日本語教室を目指して、「まちづくりのための日本語教育」をアシストする。

【「ことば」の支援】

ことばに関する「困った」をサポート。「少数言語通訳者派遣コーディネート事業」では、公共サービスの手続きなどで少数言語の通訳が必要な現場に通訳者を派遣している。相手に配慮して、難しい日本語をやさしく言いかえる「やさしい日本語」の普及活動も行う。

【研究活動（出版事業）】

多文化共生に関する実践活動を通じて得た知見をもとに、研究と分析を行い、その成果を書籍や報告書にまとめている。主な書籍に『これだけは知っておきたい！　外国人相談の基礎知識』（松柏社・２０１５年・杉澤経子、関聡介、阿部 裕監修）、『多文化共生の地域日本語教室をめざして／居場所づくりと参加型学習教材』（松柏社・２０１８年・ＣＩＮＧＡ地域日本語実践研究会編）など。

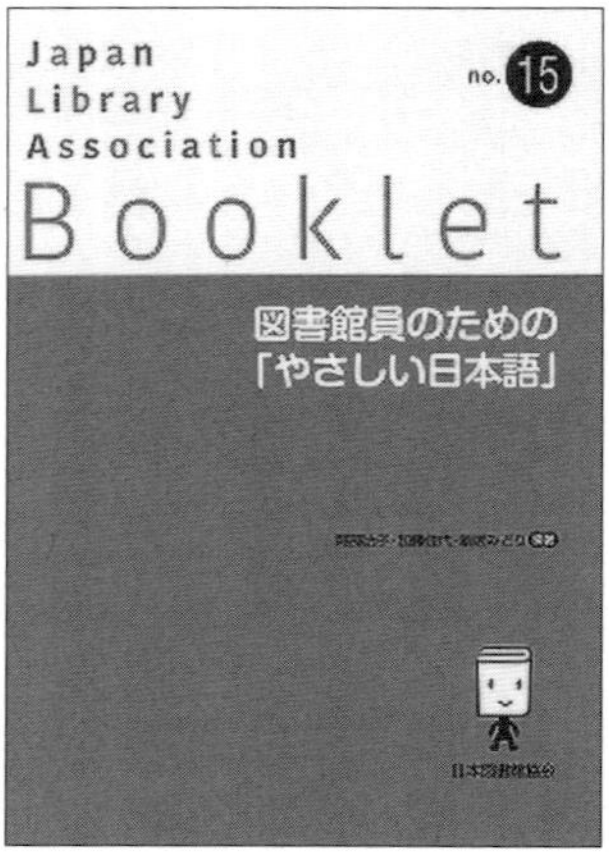

『図書館員のための「やさしい日本語」』をはじめ、在住外国人の方も利用する施設向けのブックレットの制作にも協力している（写真提供＝CINGA）

この四つの活動は、円となってプロジェクトごとに動いているが、その円と円を繋ぐ統括コーディネーター役を果たしているのが、ＪＩＣＡ海外協力隊員としての活動経験のある新《に》居《い》みどりさんだ。

「シンガの特徴は、あくまでも『市民活動』であって、ヒエラルキー組織ではありません。ですから〝長〟が一人もいません。すべての事業がプロジェクトベースで動いていて、現場のプロジェクトメンバーがすべて決定、実行、報告、評価を行う。そこに一人あるいは複数人のコーディネーターが入って、動かしていきます。いわゆるアメーバ組織といわれる組織体です。それができるのは、それぞれのコーディネーターが自律的に動いているから。すべてオン・ザ・ジョブ・トレーニングなので、あるプロジェクトをつくるときは、次の候補の人も一緒に動き、次のプロジェクトはその候補の人がやっていくという仕組み。私はそのプロジェクトの全体的な方向性を決めて、チームを結成し、軌道に乗るところまで伴走します。現場はコーディネーターに任せて、あとは相談役ですね」

シンガで雇用している職員は50人。そのうち正職員は15人。複数言語対応の相談センターに、それぞれ外国語ができる相談員が在籍しているので、外国にルーツのある職員の割合は全体の6割を占める。相談者だけでなく、コーディネーターとして働いている外国人もいる。また職員以外にも、弁護士や行政書士など専門家がボランティア会員として活動に参画している。

人と人を繋いで何かの活動をする。その活動を見た市民の人たちが、そういうことも大事だよね、と気づいたり仲間になったりする。「『市民活動』をつくることこそ、協力隊の醍醐味でした」と、新居さんは協力隊経験を振り返る。

ボランティアに行って、さらにボランティアをする

そもそも新居さんが、協力隊の青少年活動隊員としてルーマニアに赴いたのは1999年のこと。京都の短大を卒業し、菓子メーカーが営む裏千家の茶室で着物をまとい、茶を供する仕事に就いていたが、3年勤めたときに協力隊に応募し、合格した。

「ルーマニアでの要請内容は、異文化理解教育。ルーマニアのムレシュ県の教育委員会に所属し、トゥルグ・ムレシュという町の小学校で日本語や折り紙など、日本文化を紹介するのがメインの仕事でした。ルーマニアはすでに発展している国でしたが、長引くチャウシェスク政権で鎖国状態だったうえ、任地は首都から10時間も離れている町でしたから、外国人なんか見たことがない人がいっぱいいて、私はまるでパンダのように見世物扱いでした」

新居さんが、目が黒いのも髪の毛が黒いのも、新居さんが決めたことではないが、それによってすごく目立つ。子どもから石を投げられたり、水をかけられたり、日本文化を紹介する以前に、世界にはいろいろな人がいて、同じように生きている人がいることを知らない人がたくさんいるということを思い知らされた。

「でも、そんなときにロマと呼ばれるジプシーの子どもたちだけは、からかい半分でも何し

に来たんだとか、お前は何て名前だ、と話しかけてくれたんです。他の人は遠巻きに見ていて、あれは何だみたいな感じなのに、その子たちだけが私の名前を知ってくれて、町で会うと話しかけてくれて、私は、それがすごくうれしかったんですね」

チャウシェスク政権は、富国強兵で国民を増やそうと、欧州を移動していたロマの人たちにも国籍を与えたが、住む場所や働く場所は与えなかった。そもそも強い差別を受けていたロマの人たちは幌《ほろ》馬車で暮らし、ストリートチルドレンになってしまった子どもたちもたくさんいた。青少年活動隊員の新居さんは、小学校で異文化理解教育をしながら、同時にロマの子どもたちに対して、なぜこの子たちは学校にも行かず、昼間からシンナーを吸っているんだろう、夜の遅い時間まで路上にいるのだろうと怒りに似た疑問を抱いていた。

「私は教育委員会の人に、ロマの子どもたちもちゃんと教育を受ける必要があるのではないかと訴えたんです。でも教育委員会の人は、あいつらはロマだから、そんなことはしなくてもいい、シンナーを吸っているのも好きでやっているんだから、と言う。そういう現実を目の当たりにしながら、私はルーマニアにボランティアに来たのなら、学校の教育活動だけでなく、ロマの子どもたちがちゃんと生活できるためにも、何か活動をしなければいけないと思ったんです」

突き上げるような思いで、新居さんはロマの子どもたちが新聞販売で収入を得られる活動に取り組んだ。
「ルーマニアの町で売っている朝刊は、夕方になると安くなります。そこで昼過ぎに店から譲ってもらい、それをロマの子どもたちが半額で売って収入を得るという活動を、ピースコー（Peace Crops　アメリカの途上国支援ボランティア組織）や難民の人たちと一緒にやっていました」

要請内容を超えた青少年活動については、ＪＩＣＡの職員も隊員仲間も皆、応援してくれたという。

「ボランティアに行って、さらにボランティアしてるって言われました（笑）。いろいろな人たちと手を組んで、活動を進めるうちに知り合いや友だちも増えて、帰国する頃に頑張ってよかったなと思えることが二つあったんです。一つは、ロマの子どもたちが、この町に来たアジア人をみんな『みどり』と呼んでいたこと。アジア人は、たいてい変な呼び名で、からかわれるのが当然なのに、隊員仲間が遊びに来たときに駅で『みどり』と言われたと聞いて、うれしく思いました。もう一つは、現地の人たちに『あなたは本当の意味で、ボランティア活動の人だったんだね』と言われたこと。仕事ではなく、子どもたちに対して、シンナーを吸っちゃいけない、働いたほうがいい、ちゃんと稼ごうと言い続けている。その姿を見て、何か大事なことがあると気づかせてもらったと言ってくださる方がけっこういて、それが私にとって隊員活動の大きな成果のように思えました」

2年の隊員活動を終えた新居さんに、迷いはなかった。

「世界において就労支援や教育支援など、まさしく青少年活動のような仕事はすごく面白い。だから私は国際協力の道に行きたいと思いました」

イギリスで「内なる国際化」に目覚める

国際協力をやろう、勉強しなきゃ、そう思った新居さんは、開発学を学ぶためにイギリスへ。まずウェールズ大学の語学研修センターに入学。そこからウェールズ大学の本科で学ぶつもりだったが、1年で帰国した。

「イギリスでは、ルーマニアの孤独を100倍強くした孤独が待っていました。イギリスは先進国ですから、あからさまに人に石を投げたり、水をかけたりすることはありませんし、アジア人を差別するようなことも絶対に言わない。でも私は留学生の友だちはできたけれど、現地の友だちはたった一人もつくれなかったんです。ルーマニアでは何百人も知り合いができて、たくさんの友だちができた。差別も強かったけれど、やさしくもあったわけです。イギリスでそれができないのはなぜだろうと思ったときに、その根底には絶対的な差別があることに気づきました。そして日本に暮らす外国人にとって、日本は間違いなくルーマニアではなく、イギリスだろうと。そのなかで生きていくことは、けっこう寂しいことです。私は協力隊経験を通して国際協力の仕事をしたいと思ったけれど、日本に住む外国人の問題、まさしく『内なる国際化』に取り組んだほうがいいのではないかと思い始めました」

日本に帰ってきた新居さんは、途上国における開発教育研究の第一人者であり、国内の多文化共生領域も研究されていた山西優二《やまにしゆうじ》教授の授業を受けるために、早稲田大学第二文学部の3年次に編入し、多文化共生について学び始めた。帰国後すぐからお世話になっていたJOCA（公益社団法人青年海外協力協会　青年海外協力隊経験者らで組織された団体）で昼間は仕事をし、夜は大学に通う生活を送った。

「大学で2年間学んだあと、国際交流協会など多文化共生の仕事をしているところに就職したかったけれど、そもそも組織が統廃合される時代で、まったく就職先を見つけることができず、そのまま大学院で研究を続けました。そのかいあってか、大学院修了後は東京外国語大学の多言語多文化教育研究センター（現多言語多文化共生センター）にコーディネーターとして就職できました」

2008年。協力隊から帰国して7年後に、念願の多文化共生の仕事、コーディネーターの職に就いた。

「仕事は、まさに在留外国人を支援する人たちに対するリカレント教育（仕事で求められる能力を学び直すこと）活動でした。多文化社会コーディネーターを育成するリカレント教育に携わりました。具体的には、いろいろな地域でプロジェクトを立ち上げて、プロジェクトと研究を往還しながら、そのなかで人を育てるといった内容でした」

しかし、ようやくつかんだ仕事は、やりがいがあると同時に、朝9時から夜12時まで働くというハードさ。とても続けられない……。なぜなら妊娠が判明したからだ。

「大学院時代に結婚し、4月に入職してから6月に妊娠がわかったんです。このハードな仕事は、おなかに赤ちゃんがいる状態では続けられないし、出産後に復帰しても続けられないと思い、12月に退職しました。8カ月しか勤められず、このときに私は自分のなかで、大きなキャリアの挫折を感じましたね」

これまでに新居さんが感じていた差別は、外国人差別や階級的なものだったが、妊娠したことで自分が女性として生きていくことが、これほど大変なことなのか、と女性であることも、またマイノリティとなり得ることを身をもって感じた。

「自分では、けっこう意志が強いから、何でもできると思い込んでいたけれど、妊娠したらまったく自由が利かない。つわりもひどいし、どんどんやせていく。こんなにしんどいのかと思って退職したときは正直、ほっとしましたが、今度はキャリアがない主婦という状態。

もちろん目の前の子どもはかわいいし、夫に養ってもらえばいいのだろうけれど、自分としてはこれからどうやって生きていくのだろうかと絶望的な気持ちでした」

しかし出産後3、4カ月してから、あるときは子どもを連れて、あるときは子どもを家族に預けて、再びシンポジウムや勉強会に参加するようになる。

「産後半年ぐらいに、あるシンポジウムに子連れで参加したら、東京外国語大学のセンター長とばったり再会。ちょうどリーマン・ショック後で日本政府が国際移住機関（ＩＯＭ）に拠出して、『虹の架け橋教室』を始めたところでした。ブラジル人学校に通えなくなった日系ブラジル人の子どもたちに日本語を教えて、日本の公立学校に送るプロジェクトが全国で展開されていたんです。そこで手伝ってもらえないかと誘ってもらい、同時に東京外国語大学のアルバイトとしても戻ってきてほしいと言われました」

夫の母に子どもを預けて、東京外国語大学で週に2回働き始めたところに、２０１１年からはシンガに誘われて週5日の勤務に。さらに住んでいた自治体の支援団体に関わり、子どもたちの学習支援教室のコーディネートも始めた。２０１１年、二人目を出産。掛け持ちしていた四つの仕事は、２０１６年にシンガ一本に絞った。

年収40万円!?　絶対に許さない!!

シンガの誕生は2004年。東京都武蔵野市の国際交流協会で行っていた「日本語教室」や「外国人相談」などの活動をサポートしていた弁護士や行政書士、医師、通訳などの専門家の間で、武蔵野市だけでなく、東京全域をサポートしようという動きが起こった。2003年まで東京都にあった外国人支援組織がなくなったことも大きかった。

「必然的に武蔵野市が東京都全体のことを手伝うようになり、それは無理があるので、有志のメンバーによって『シンガ』を設立しました。当時のシンガの代表は、武蔵野市の国際交流協会の元事務長が務め、会員たちはみんな手弁当で、誰も給料をもらっていませんでした」

新居さんが本格的に関わり始めたのは、2011年。パートタイムで働き始め、そして2015年にコーディネーターになりました。

「なぜシンガを選んだのか。それはシンガが『市民活動』だったからです。人を支援する活動は、行政だけがやればいいというものではなく、市民活動というのが絶対的に必要な領域になります。市民活動とは、根幹にこういう社会をつくりたいという理念や思いがあって、

日本在住のエスニックコミュニティメンバーとの意見交換（撮影＝阿部純一）

そこに市民の人たちが集まってくるもの。NPOやNGOは、すべて市民活動。例えばセーブ・ザ・チルドレンも市民活動です。そういった市民活動がないと、支援なんておこがましいことはできないのです。私自身、協力隊で教育委員会の文化理解教育だけでなく、地域の人たちと活動した経験もあったことから、そういった市民活動を軸に据えて活動したいと思い、シンガを選んだのです」

新居さんなりに志を持ってフルタイムに近い形で仕事をし始めたものの、報酬を聞いて愕然とした。

「当時のシンガは、予算規模が年間約３００万円の小さな活動で、私の収入はなんと40万円!!月額ではなく年額ですよ。新居さんは、だんなさんがいるから扶養家族で何とか頑張ってくださいと言われて……。絶対に許さない!!と思ったんです」

ＮＰＯやＮＧＯで働く職員の多くは女性。なぜなら賃金が安く、雇用が不安定だから。連れ合いがいる人なら、扶養家族のなかで働けば大丈夫でしょう、だんなさんが稼いでいるから大丈夫だよね、と日本のＮＰＯや市民団体は甘えている気がすると新居さんは話す。新居さん自身、シンガに悪気なくされたことに圧倒的な怒りを覚えていた。

「当時、私は自分でシンガを選びながら『この働き方は絶対におかしい』と、いつも大きな不満を抱えていました。外国人や女性、高齢者など社会で差別されがちな人を支援するＮＰＯなのに、ＮＰＯのなかが搾取的な構造になっているのはおかしい。そこは絶対に変えてやるんだと、もう一つのミッションが自分のなかにありました。シンガはチームでプロジェクトをとっていく〝長〟のいない組織だったので、ならばやってやろうと。まず国の外国人相談センターを一つ受託し、そこでノウハウを積み上げて、いろいろな地域に、どんどん外国人相談センターを立ち上げていきました」

２０１６年から２０１８年には、多文化共生にいち早く取り組む佐賀県からコンサルタント業務の依頼があった。

「『多文化共生の基盤をつくる』という漠然としたオーダーでした。そのためにはどう取り組めばいいのか、どういう人に関わってもらえばいいのか、様々な研修を通して、３年がかりで政策づくりと基盤づくりを行いました」

２０１８年に「出入国管理及び難民認定法（入管法）」が改正されて、２０１９年に国は「全国１００カ所に外国人相談センターをつくる」という政策を打ち出した。そこで新居さんたちはチラシをつくり、全国70カ所の外国人相談センター（地域の国際交流協会などが受託している場合が多い）を回るキャラバンを敢行。そこで出合い、のちにがっぷり四つで取り組むことになるのが、茨城県と山梨県だった。

「茨城県では、私は地域日本語教育の仕組みづくりにコーディネーターという立場で関わって政策の柱を立てる、そしてそこに携わる方々が実力をつけるプロセスをつくるといった役割でした。また山梨県は、外国人相談センターを立ち上げる、地域日本語教育を展開する、二つの政策があるけれど、どうしたらいいか一緒に考えてほしいというオーダーでした」

新居さんにとっては、どちらもシンガで行うプロジェクトと仕組みはまったく同じ。プロジェクトごとにコーディネーターを配置し、課題とそれを解決するために実行することを決めて、それを予算内で動かしていく。現場で困ったことがあれば、新居さんが相談に乗る。

「日が経った幕の内弁当」と指摘されて……

実際に新居さんと関わった、公益財団法人茨城県国際交流協会・交流推進課長の加藤雅春《かとうまさはる》さんは、新居さんとの出会いについて、こう語る。

「当時の茨城県国際交流協会は、20年前から留学生を親善大使として任命し、小・中・高などに派遣する事業を行ってきたという歴史がありました。外国人にあまり慣れていない県民に対して、国際理解推進の交流の機会をつくることは、おおむね評価されてきましたが、2018年の入管法改正後は国際交流協会としてどう変わっていくか模索していました。柱立てとして、いろいろなことをやっているけれど、時代に合ったアップデートが伴っていない。そうした状況のときに新居さんは、シンガの自主事業『全国100カ所外国人ワンストップ相談センター訪問キャラバン』でやってきて、当協会のあり方を『日が経った幕の内弁当』と表現されました。いろいろなおかずがあるけれど、ちょっと古いんじゃない、カピカピしていませんかという意味だと理解しました」

そこから新居さんの助言によって、一気にアップデートが進み、フォーカスが絞られていく。

「いちばん大きな成果は『地域日本語教育の体制づくり事業』です。体制づくりで重要なことは、ボランティアが日本語を一生懸命教えることではなく、多文化共生社会づくりや相互理解を目指していくということ。事業の方向性や目的意識を明確にして、そのためにどういうスタンスで、どういう人に関わってもらったらいいか、新居さんからアドバイスをもらいました。具体的には、文化庁の地域日本語教育コーディネーター研修を受けた人たちに活動してもらう。知見のある人たちに、より生の課題を見つけてもらい、改善を提案してもらうことにしました」

新居さんとプロジェクトを進めていくうちに、加藤さん自身の意識も変わっていった。

「これまでは外国人を、つい社会的弱者のように見て、それを助けるという気になりがちでしたが、新居さんと出会ってからは相互理解や少数者の力づけ（エンパワーメント）、基本的人権という多文化共生について考えるようになりました。外国人が小・中学校などに行き母国を紹介して終わりではなく、外国人にも地域の構成員として、その強みを生かしてもらい、対等な立場でこの地域をつくっていってもらいたい。この発想は意識しないと持てませんし、それを与えてくれたのは新居さんでした」

例えばシンガが提唱する「やさしい日本語」が地域に浸透すれば、外国人だけでなく子どもや高齢者、障害者にも活動が広がり、県民全員が主人公でいられるのではないか。そう話す加藤さん自身、実は隊員OVだ。

「2001年度2次隊で、理数科教師隊員としてガーナで活動をしていました。そもそも在留外国人は、母国の文化を持ちながら、日本社会のルールや慣習にしたがって生きています。そういった多様性を受け入れる心、コミュニケーションや交渉のスキル、壁にぶつかったときに乗り越えようとする精神力、グローバルな友人・知人関係は、協力隊経験なくして得られなかったことですが、さらに国際交流には、国際理解や多文化共生の知識や経験も欠かせないと思っています」


同じ協力隊経験を持つ新居さんも、おそらく根底には共通する思いがあるだろう。しかし協力隊の経験や熱意だけでは、今の新居さんにはなり得なかったのではないかと分析する。

「人種差別を受けながら、任国で市民活動を立ち上げて、さらに大学や大学院で理論的な裏付けを学び、コミュニケーションの知識やスキルをつけて、相当鍛錬されたのではないかと思います。そうでなければ、ここまでのことはできないのでしょうね」

新居さんは、まさに「理想の上司」

新居さんから大きな影響を受けて変わった自治体は、もう一つ。1993年の入管法改正によって日系ブラジル人が増えた山梨県だ。山梨県男女共同参画・共生社会推進統括官、外国人活躍推進監の小宮山嘉隆《こみやまよしたか》さんは、新居さんとの出会いについて次のように話す。

「2022年度、シンガが文化庁から受託した日本語学習支援者研修プログラム普及事業の実施地域の一つに本県を選んでいただき、その打ち合わせに来てもらった4月11日が、新居さんとの初めての出会いでした」

折しも翌年度には山梨県立国際交流センターの場所が変わり、「山梨県立国際交流・多文化共生センター（以下、センター）」と名前も変わるタイミング。小宮山さんは「山梨県は全然進んでいない、センターを変えたい」と新居さんに率直に打ち明けた。

「そうしたら新居さんは、すぐにこれまでシンガが関わって成功しているところに行ってみようと言ってくださって。初めてお会いしたその翌週には、新宿の外国人総合相談支援センターと神奈川県の『あーすぷらざ』、5月中旬には佐賀県国際交流協会に連れて行ってくださいました」

ふつう初対面の人にあそこに行こう、ここに行こうなんて言わないですよね、と小宮山さんは続ける。

「ものすごいバイタリティの根底には、外国人との共生をすすめるのだという熱いパワーを感じました。そして先進地視察と同時に、新居さんには始まったばかりの山梨県立大学の多文化共生対応人材育成プログラムの授業科目、『地域課題解決（多文化共生）』を担当していただくことになりました。第1回目の授業では、新居さんがファシリテーターをつとめ、早稲田大学山西優二教授のお話を伺いました。そこで人間関係づくりは、コミュニケーション力と協力する力、自己肯定感の三つから成り立つことを教わりました」

この三角形の話を聞いて、ただ一過性でイベントをしてもダメだと気づいたという小宮山さん。この話をもとに5月から10月にかけて、新居さんたちと相談しながら、山梨県のあるべき姿「やまなし多文化共生社会実現構想」を策定した。新居さんが関わり始めてから、山梨県は明らかに変わったという。

「県とセンターの信頼関係が強まりました。先進地視察で、そのやり方をまざまざと見せつけられたおかげです。また新居さんの助言も参考にしながらセンター内に外国人相談支援センターを整備したことで、外国人の相談件数が、わずか半年で昨年度の件数を上回りました。これは、より相談しやすい環境に変わったということだと思います」

小宮山さんに「新居さんってどんな人？」と聞いてみると、「理想の上司」という答えが返ってきた。

「新居さんは損得を考えず、外国人と日本人が心から仲良くなってもらいたいという純粋な思いを持っている人。フットワークが軽くて、絶対にノーとは言わない。無償の精神でやってくれるんですね。外国人相談支援センターには、外国人の相談員で熱心な人がいて、私がその人に期待していると言うと、それは燃え尽き症候群になるから危ない、相談に来なさいと、すぐにプログラムを組んで研修をしてくれたのです。そしていつも褒めてくれるのもうれしいですね。こちらがすごくいい気持ちになって、もっと頑張ろうという気持ちにさせてくれるあたりは、まさしく理想の上司だなと思います」

新居さんには言葉で表せないぐらい感謝しているという小宮山さん。

「山梨県も偏見をなくし、外国人も日本人もまったく同じ権利で、ラグビーの日本代表のように仲間になれたときに、初めて新居さんに恩返しができるのかなと思います」

「少数言語」といえば、隊員OV

茨城県の加藤さんもそうだが、新居さんの活動するフィールドには隊員OVが多く、シンガ自体も活動のなかで協力隊の人脈に頼ることが多いそうだ。

「シンガの事業の一つである『少数言語通訳者派遣コーディネート事業』は、女性相談窓口や児童相談所、学校、病院などいろいろな場所で、少数言語の通訳を必要とする人と、少数言語ができる人を繋ぎ合わせる事業です。年間50~60件の相談があります。少数言語と言われたら、私の頭のなかの半分以上は、隊員OVが思い浮かびます。岩手県でクメール語と言われたら、OVにお願いするしかない。ピジン語と言われたら、パプアニューギニアのOVに連絡します。つい先日も、パプアニューギニアの夫婦が出産されて、生まれた子に障害があると。二人とも英語は話せるけれど、大切なことだから、やはりピジン語で話したほうがいいと病院から連絡が入りました。そこでパプアニューギニアのOVに電話してJICAで医療関係の仕事をしていた人を紹介してもらい、すぐにピジン語が話せる人を手配できました」

在住外国人を支援している人には、隊員OVが多いが皆、声高には言わないと言う。でもOVとわかったら「秘密結社みたいにピッと繋がる」と新居さんはいたずらっぽく笑う。

「協力隊員は任地に行って、そんなに大したことができなかった、本当に申し訳ないことしかなかった、という無力感を味わっている人がほ

モデル開発のために試験的に実施したウクライナ避難民と地域住民との手芸をとおした日本語教室活動（写真提供＝CINGA）

とんどです。だから地域の支援活動をしていても過剰な期待もしないし、できる範囲でやりますよ、というさじ加減がよくわかっているんです。同時に協力隊に行ってすごいね、と言ってくださる人に対しても『いやいや、そんなことはないんです』と言える謙虚さを持っている人も多い。だから隊員ＯＶは、帰国してからも支援活動を長く続けられるのかなと思います。国際協力したい、外国人の役に立ちたい、そういう思いがもともとある人が、協力隊に応募されるのでしょうが、協力隊活動後も、ずっとその思いを持っている。だから私が隊員ＯＶに相談すると、ほとんどの方が探してみますと動いてくださるんです」

新居さん自身、協力隊経験は今の活動に、どのように生かされているのだろうか。

「覚悟を決めるところですね。任国に着いて、自分の住む家にボランティア調整員（現地で協力隊員をサポートするＪＩＣＡの在外事務所の職員）と一緒に車で行き、そして調整員とドライバーが帰っていく後ろ姿を見て、心から絶望したというのは、協力隊員なら誰でもある経験だと思います。私はとんでもないところに来てしまった。今日から2年間帰れない。言葉も下手だし、何をしていいのかわからない。でもいくら泣いても、次の日の朝は来るんです。これを６００日繰り返せば、帰れる日が来る。ならば何とかなるかと思ったんです。それと同じ覚悟を２０１６年にシンガに入って、年収40万円と告げられたときに決めたんです。自分から飛び込んだんだから、やるしかないって」

シンガは働いている人中心主義

2016年にシンガに入職して8年。2018年の入管法改正によって、全国の自治体が多文化共生に目覚め、シンガへのオファーがどんどん増えたこともあって2023年現在、シンガの事業規模は3億円に達した。

「年収40万円から、ようやくここまでたどり着いたという思いです。ここまで事業規模を大きくすることができたのは、やはり組織が柔軟だったからでしょうね。私がシンガの活動で大切にしていることは、働いている人中心主義であること。具体的には『働き方』と『賃金』です。働き方については、賃金が少なくても介護があるから在宅勤務がいい、不妊治療をしているから不定期に休みをとりたい、という人がいる一方で、ちゃんとお金を稼ぎたいという人もいます。それはチームのなかで話し合ってもらい、不公平なくできるようにしてきました。またお金を稼ぎたい人が多いチームは、難易度の高い仕事をしてもらい、それに合わせたコストをとってくるというふうにも組んでいます。賃金については、仕事の価値を高める、人材を採用するという点において、とても重要です。例えば外国人相談センターには、外国語もできて日本語でも書類の書けるバイリンガルに働いてもらわなければなりませんが、高いクオリティの仕事をしてもらうには、まずきちんと賃金を支払う必要があります。またシンガでは、求人を出さずにネットワークから採用しますので、紹介する人がシンガでいい待遇でいい仕事をさせてもらっていると思わなければ、いい人を連れてきてもらえません。それもあって、働き方と賃金というのは、とても大切にしています」

今、新居さんは仲間と仕事ができる喜びをかみしめている。

「シンガに入った当初、職員は私一人。会員の専門家の人たちに応援してもらいながら頑張ってきて今、一緒に働く仲間がこれだけ増えたのは、私にとっては本当にありがたいことです。半面、職員が増えることで責任も大きくなり、彼らの雇用や人生をどう守っていけばいいか、それもすごく迷うところです。またプロジェクトの収益によって、賃金差ができてしまうのも悩みどころ。現状は、この仕事が好きだからいいんだよと言ってくれる仲間に甘えていますが、それはすごく悲しいことです。賃金の安いところは、そもそもの業務の委託内容や条件を変えてほしいと訴え続けています」

とにもかくにも事業規模300万円から3億円。NPOやNGOにつきもののお金の悩みを見事に解決してみせた。新居さんはCINGAを成長させた立役者の一人と言える。

「一人ひとりの個人だと弱いけれど、集合知にすると強くなる。だからその集合知で社会で勝負すればいいと思ったんです。NPOが勝負する先というと、つい行政になってしまうけれど、シンガがお金を得ているのは市場です。つまり外国人相談センターの入札は、いろいろな企業が行いますし、競合も多い。でも、このフィールドで仕事をしているシンガという集合知は、どんな企業にも負けません。ピジン語の通訳が30分で探せる組織なんて、そうないですよ。行政に対して、業務委任してください、金額を上げてくださいではなく、民間企業と戦って仕事をとってくる。それに見合った仕事内容をみんなでつくればいいという方向に舵を切って、市場に勝負をかけられたことが、シンガがここまで成長できた要因かなと思っています」

こんなに人の想いで繋がった組織なら、どんな会社にも絶対に負けない。大変な仕事も、みんなで乗り越えられる。乗り越えるときも、搾取でない「働き方」や自分を正当に評価してくれる「賃金」など、絶対的な組織の価値があればいけると思った、と新居さんは語勢を強める。

「協力隊活動においても、教育委員会のなかで、日本の文化を教えればいいだけだったのに、目の前のロマの人たちが差別されているのを見て、絶対におかしいと言い続けていました。そして自分が大事と思えることを実行し続けたら、帰るときには、これはよくないと思っている人が、ちょっと増えていました。このやるべきことを乗り越えて突破していく経験は、協力隊活動で培われたものですね」

自分の信じる価値が間違っていないと思うなら、その活動をやっていく。本気でやれば、結果はついてくる。日本における多文化共生社会実現には、課題が山積みだが「課題があるとプロジェクトが立ち上げられるのでうれしい」と、それすらも楽しむような新居さん。「いちばん燃えるのは『こんなに困ったことがあるけれど、どうしたらいいだろう』と言われること」とまで言う。

もしかしたら新居さんにとってシンガの活動は、今なお協力隊活動の延長線上にあるのかもしれない。

CASE4
TEXT：池田純子
PHOTO（扉）：干川美奈子

目指すのは 外国人との共生＆共働で築き上げる、日本と海外との新しい社会

株式会社農園たや
代表　田谷 徹さん

JICA海外協力隊の派遣国：インドネシア　職種：食用作物・稲作
派遣期間：1997年12月～2000年12月・福井県出身

福井県から農業を通じた多文化共生
「インドネシアの若者の未来を育て、日本の農業の未来の土台づくりを」

インドネシア人の成長と地元農業の働き手確保を同時に実現する

福井県のシンボルの一つとされる九頭竜川。福井市の北西部を流れ、隣接する坂井市に入って日本海に注ぎ込む。サクラマスの遡上でも知られるこの川沿いに、田谷《たや》 徹《とおる》さんが農園を営む高屋町がある。

高屋町では、米、麦、蕎麦などの穀物類に加え、白ネギやブロッコリーの露地栽培、葉物やトマトなどの温室栽培も行われている。近隣の農地を集めて地域で組織的に農業を行う集落営農が盛んだが、世代交代がなかなか進まず、機械化にも限界がある。高齢化と人手不足は解決すべき喫緊の課題だ。

この地で代々農業を営んでいる田谷家。ＪＩＣＡ海外協力隊への参加をきっかけにして、インドネシアの農村開発に関わり続ける志を持った田谷さんは、２００７年に新たに「農園

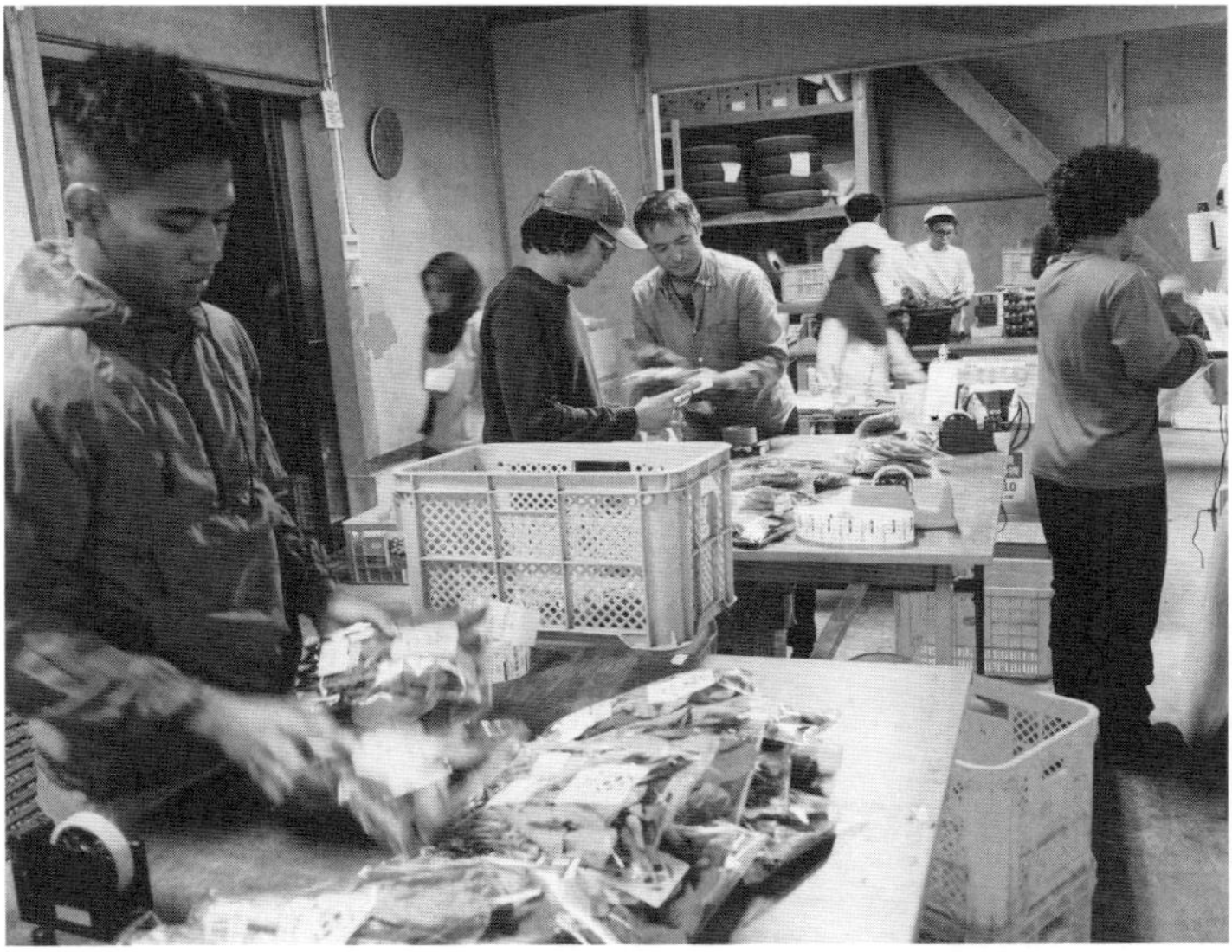

特定技能外国人として受け入れたインドネシア人スタッフらと袋詰め作業をする田谷さん（撮影＝干川美奈子）

たや」を設立し、２０１８年に株式会社にした。この農園を主要な舞台として、インドネシアの若者の成長と地元農業の働き手確保を同時に実現し続けているのだ。

農園たやはいわゆる循環型農法を採用している。数十種類の野菜を輪作・混作することで連作障害を防ぎ、土の豊かさを保つ。また、野菜の加工場などから出る生ごみを堆肥化して使用。少量多品目の作物を栽培し、仲卸や食品スーパーに販売している。

看板商品は地植えのベビーリーフだ。畑でつまませてもらうと、葉に厚みがあってしっかりとした歯ごたえがあった。そして、濃厚な味が口の中に広がった。採れたてなので新鮮さは当然だが、水耕栽培のベビーリーフとはまったく違う野菜のように感じる。

そんな農園たやの運営は常に順風満帆だったわけではない。株式会社化をした2018年2月には北陸地方の記録的な豪雪で大きな被害を受けた。

「13棟のハウスが倒壊し、その修繕に7000万円もの借金を負いました。10年計画で返済中ですが、農業の利益で毎年700万円も捻出するのは大変です。その後、年間売上を8500万円ほどにまで伸ばしましたが、新型コロナウイルスの感染拡大の影響でレストランなどの売り先を失って売上は激減しました」

深刻な内容なのに悲壮感はなく、淡々とした口調で語る田谷さん。これらのピンチを機に農園の収益構造の見直しに着手したという。取扱品目を減らし、高付加価値の野菜に絞り込み、利益を確保する方向に進んでいる。

16年間で23名の技能研修生を受け入れ。今後はさらに増加予定

農園たやには経営理念とも言うべき特徴がある。インドネシアの優秀な若者をスタッフ兼研修生として継続的に受け入れていることだ。農園の運営に不可欠な戦力になってもらいつ

つ、彼ら一人ひとりの成長もサポート。現在は、農園たやで雇用するだけでなく、近隣の農家にも優秀な人材を紹介する事業にも乗り出している。

２００8年から２０２3年までの16年間で23名を受け入れた。いずれも技能実習制度を活用したものだ（現在は特定技能制度に移行。以下、特定技能のインドネシア人を含めて「研修生」と呼ぶ）。当初は、地元の福井県立福井農林高等学校と交流があるインドネシアの国立タンジュンサリ農業高校からの推薦で、卒業生を研修生として受け入れてきた。

２０２4年2月現在、農園たやの日本人スタッフは田谷さんの高齢の両親も含めて7名。若いインドネシア人研修生6名のほうが主力だと田谷さんは明かす。ただし、田谷さん自身にとって農業は「手段」に過ぎず、インドネシアと日本の交流と相互発展に携わることが「目的」であり生きがいだ。

「一緒に作業をすると、その研修生を通じてインドネシアの農業が見えてきます。彼らとあれこれディスカッションをするのがすごく楽しいです」

農園たやはＪＩＣＡやインドネシア農業省と提携し、２０２2年から２０２6年までの5年間で60名を受け入れる予定だ。２０２4年は13名を予定しているが、農園たやにはすでに6名も働いているのでキャパシティを超えてしまう。そこで、特定技能外国人の生活支援を行う登録支援機関となり、マッチングと斡旋を行える有料職業紹介事業者の認可も得た。

「2024年の春には、4軒の農家に9名の特定技能の研修生が入ることを予定しています。受け入れ先はいずれも若手農業者クラブや、JA青壮年部の気心の知れた仲間なので安心です」

1997年、海外協力隊としてインドネシアへ。失敗から学んだ「人間の行動原理」

田谷さんの原点とも言えるのが、JICA海外協力隊への参加経験だ。子どもの頃は社会科の高校教師を志していたが、父親の方針で大学は農学部に進学。「最先端の農業技術が世界を救う」と信じつつ、タイやベトナム、中国の農村を旅行しながら農業のあり方を考え続けた。そして、協力隊としてインドネシアの農村に配属され、苦しい失敗と小さな成功を体験する。

「1997年にインドネシアのバルー県に派遣されたのですが、何をやってもうまくいきませんでした。県の制度に乗っかり、水田の裏作用として農家に落花生を配布。しかし、芽が出ずに彼らの労力が無駄になってしまったのです。その無駄は収入減となり、彼らを直撃します。あまりに申し訳なく、ストレスで顔面がマヒした時期もありました」

この失敗に懲りて、田谷さんはやり方を根本的に変えた。自己資金を投じてでも参加したい人だけを募って、三つのグループに分けてエシャロットの栽培と販売をしたのだ。現地の農業については自分よりも彼らのほうが詳しいと悟り、種子の選定や栽培はすべて自主性に任せ、田谷さんは預かったお金の管理とプロジェクト進行に徹した。

「栽培には成功したのですが、インドネシアは１９９９年に通貨危機に陥り、ＩＭＦの方針で農業分野の自由化が進みました。フィリピン産の安いエシャロットが大量に流入して、価格が75分の1になってしまったのです。結果としてこのプロジェクトも失敗に終わりましたが今度は誰も私を責めませんでした。一人ひとりが自分事として取り組んでいたからでしょう。人が気持ち良く動くためには何が必要なのか。その行動原理のようなものをつかんだ経験でした」

インドネシアの大学院へ。社会学を修めて見えてきた「福井の実家」の可能性

協力隊の派遣期間は原則として2年間だ。ただし、田谷さんは現地の要望もあって1年延長。公務員女性グループと農家グループを引き合わせ、学校や病院での野菜の移動販売を実施した。

「直販によって高い利益を上げましたが、野菜の振り売りは社会的な地位が低いため、私が

帰国した後はやらないと農家の方に言われたのです。私は農業の技術や販売方法だけを見ていて、インドネシアの社会に目を向けていなかったのです。挫折経験だと思っています」

２０００年に帰国して実家で就農した田谷さん。インドネシアでの３年間を踏まえ、生産から販売までを自分でできるようになろうとベビーリーフ栽培などを開始。インドネシアで出会った協力隊仲間と結婚もした。

インフラが整った日本の実家での農業は想定以上にうまくいき、売上が１０００万円も増加。しかし、田谷さんの中ではインドネシアでやり残したことがあるという思いが高まっていた。その頃、妻が博士号を取得して、カンボジアに専門家として長期派遣されることになり、田谷さんもインドネシアのボゴール農科大学大学院への留学を決めた。２００３年のことだ。

「農業ではなく、社会学を2年間かけて学びました。自分も関わったインドネシアの農村開発を社会学の目から見直してみたかったのです」

このインドネシア留学経験で田谷さんは改めて「田舎の実家」に目を向け始める。自分のやるべき仕事は専門家としてどこかの地域に開発という「点」を打つことではない。地域に根差して自分たちの世界という「面」を作り上げていく側に立ちたいと思った。

「ひたすら働く父母祖父母の背中をそれまでの僕は真剣に見ていませんでした。生産と生活が渾然一体となって繰り返されてきた『農の営み』に疑問を持っていましたが、留学してからはそういう農業の風景を受け入れられる素養ができました」

２００６年に実家で再び就農した田谷さん。娘が生まれたことをきっかけに、仕事とは別に完全無農薬の小さな畑を実践。その経験が循環型農業を主体とする現在の農園たやに繋がっている。

一方で、インドネシアへの想いも消えていなかった。農園たやは広い意味での農業を志すインドネシアの若者にとって、研修の場となり得るとひらめいたのだ。

外国の若者に学びの場を提供する——。技能実習制度を「本来の目的」で利用

「大学院時代にインドネシアの農村部の開発に関わり続ける方法を考え続け、行き着いたのが技能実習制度の活用です。様々な問題が指摘される技能実習制度ですが、私たちはこの制度の本来の目的である国際交流を常に念頭に置いています。つまり、研修生たちに学びの場を提供しつつ帰国後の活躍に繋げてもらうわけです」

２００８年から田谷さんはそれを実行に移している。まず１名のインドネシア人を技能実習生として農園たやに受け入れた。

インドネシア人スタッフも日本人スタッフも和気あいあいと作業を行う（写真提供＝農園たや）

「技能実習生の住居を兼ねた研修棟を建てました。働き手が増えるので農地を増やし、サポートと管理をするために日本人の社員も雇いました。外国人の人手を増やすために農地を増やす。普通は逆だと農家仲間からは笑われています」

なお、現在の日本人スタッフは3名とも協力隊の経験者（1名は現職参加の隊員としてインドネシアに赴任中）。農園たやの特徴が、農業だけでなく国際協力にも強い関心を示す人材を惹きつけているのだ。

「研修生には日本に向けて出発する前から、帰国後に手がけたいビジネスを調査して考えてもらっています。

日本で得られる経験とお金の投資先をイメージできれば、3年間の研修中も主体的に活動できるからです。例えば、帰国後は飲食店を開きたいという人は、農園の定休日に日本の飲食店を見学したりと積極的です」

農園での実習は圃場での多品種の野菜作りが中心。ただし、その栽培技術をそのままインドネシアで使うことは想定していない。日本とインドネシアでは生産条件も市場特性も異なるからだ。

「身につけてほしいのはマネジメント力です。グローバルな視点を持ちながらも、それぞれのローカルで持続可能な行動を起こしてほしいと思っています」

2学期制の座学を用意。仕上げに、帰国後のビジネスプラン発表会

農園たやでは1年2学期制で座学も用意している。研修生は農業と食の基礎から社会学、さらにはビジネスプラン作りまでを学習する。最終年である3年目にはそれぞれが作ったビジネスプランをもとに卒業研究をして、日本語でプレゼンテーションを行う。

こうした活動には時間的な余裕が必要だ。農園たやでは平日の日中の作業を定型化・効率化することで余暇を生み出している。

「土曜日は農園の定休日です。冬場は週休2日になり、残業は1年を通じてありません。研修生には余暇を活用して、日本のいろいろなところを見て楽しんでほしいと思っています」

現在、2名の研修生が日本の運転免許を取得。農園たやは社用車を営業時間外で利用することを許可した。利用方法や金額などは彼らが負担できる範囲で利用規約を作って合意してもらっている。

研修生たちはインドネシアに帰った後は、それぞれのプランに沿ってビジネスを展開している。田谷さんは年に1回はインドネシアを訪問。卒業生たちがいる地域を巡回して相談に乗っている。

「卒業生の中には若くして村の集落長を務めるまでに成長した人もいて、嬉しく感じているところです」

農園たやの技能実習7期生であるレンディさんのことだ。２０１７年に帰国した彼は農園たやでの実習中に貯めたお金で地元の古い茶畑を購入。植え替えたお茶と唐辛子の栽培で立派に生計を立てて車も買った。その成功を見ていた地域住民から集落長に推薦されて選挙で見事当選した。

「レンディくんは帰国後1年半というスピードで地域リーダーへと成長しました。地域のお茶畑に新しい品種を導入するための育苗所を開設するなど、地域の問題にビジネスで貢献していきたいと意欲的です」

なお、２０２４年以降に廃止される見込みの技能実習制度に関しては、仕組み上の問題が多かったと田谷さんは指摘する。

「技能実習生や受け入れ先に対する指導や監査などを行う監理団体は、全国に数千あります。ただ、実習など有名無実化しているのを承知で実習計画の提出を求めながらも、研修生や受け入れ先が困ったときに何のサポートもしない監理団体が少なくありませんでした」

特定技能制度には「実習」という建前はない。農業分野でも、その経験や資格がある人が志を持ってやってくる。労働によって賃金を得るという本音を前提としつつ、独自の研修を提供して受け入れ先と外国人がともに栄える道を農園たやは探っている。そのために特定技能制度下の登録支援機関となり、有料職業紹介事業者の認可も得たのだ。

「やる気がなかった人がやる気になる経過を見ることにとても興味があります。私は根っからの研修事業好きなのだと思います」

かつて高校教師になりたかった田谷さん。その心には教育者としての夢が生き続けているのだろう。

大切なのは主体性。自分なりの目標と計画があれば人はやる気になる

外国人労働者の受け入れはもちろん日本の生産現場にも大きなメリットがある。しかし、本当の意味で共存共栄するためには、外国人だけでなく日本人の側も学ぶ姿勢が必要となる。単に優しく接すればいいわけではない、と田谷さんは指摘する。

「あくまでも日本のルールに沿って、彼らにも気持ち良く働いてもらうことが肝要です。例えば、イスラム教徒のお祈り。就業時間中も必ず確保しなければいけないというものではありません。うまく調整して、信仰と仕事を両立させている人がほとんどです」

インドネシア人の受け入れを15年以上やってきて、様々な失敗経験を積み重ねてきたと田谷さんは笑う。その取り組み事例とノウハウを読みやすい記事にして『サマサマ手帳』としてネット上で公開。インドネシア人を受け入れている農業事業者が、理解を深めてより良い受け入れ環境を作れることを目指している。なお、サマサマ（sama sama）はインドネシア語で「一緒に」「どういたしまして」「お互いさま」という意味だ。

先述したように、農園たやではインドネシア人たちにＯＪＴだけでなく座学の場も提供している。それは彼らのためだけではない。

「彼らが一人の大人として主体的に働いてくれるか否かは農園の経営を左右します。農業の現場はもともと人の入れ替わりが早いので、素人でも短期間で最大限の成果を上げられるような合理的な仕組み作りも必要なのです」

農業や農業経済、社会学などの抽象的な勉強だけでは身が入らない。日本で働いて貯めたお金をインドネシアに帰ってから何に投資したいのかを考えるように促すと、がぜんやる気になると田谷さん。

「未来に希望、豊かになれる見通しがあるからこそ真剣に働くのです。相対的な賃金水準は下がっている日本ですが、漫画やアニメなどを含めた文化の力とビジネスの学びの場という両面での魅力があります。それをアピールすれば、能力もやる気もある若者を海外から惹きつけられます」

日本という外国の地で農業に取り組んだからこそ、自分の現在地がわかる。田谷さんからすると、人口が多くて経済成長中のインドネシアは溢れるほどのチャンスに恵まれている。

「彼らはそんな自国に投資ができるのです。私たち日本人も成長するインドネシアに関わらせてもらえる。ともに栄えることができるでしょう」

インドネシアの農業を支える人材が日本で学ぶべきは農法ではなくマネジメント

田谷さんの通訳によって、研修生のうち2名から話を聞くことができた。どちらも2023年5月に来日して農園たやで働いている20代だ。

ジャカルタ出身のイマドゥディンさんは、日本における首都大学東京にあたるジャカルタ大学の数学科を出て、国家予算省（日本の財務省に相当）に就職した秀才だ。4年後に退職し、ジャカルタの中心部に土地を持っている実家のビジネスに参加。さらに農業を学ぼうと農園たやにやってきた。

実家では母親が中心となってロメインレタスや空芯菜の水耕栽培をしており、イマドゥディンさんは農園たやで手がけているベビーリーフも栽培することを母親に提案。さっそく採用された。

「実家では種まきだけで朝から21時まで働くことがあります。農園たやでは大規模な農場におけるる効率的なマネジメントを身につけたい。作業で疲れることもあるけれど、学ぶことのほうが多いです」

もう1名はロンボク島出身の女性、ロフマニさん。父親が現地で大きな農場を経営しており、帰国後は自分もそこで働くつもりだ。しかし、父からは「机の脚は4本あるから安定する」と、盤石な経営のために新規事業を興すことをすすめられている。農業資材販売や鶏卵の生産も構想中だという。

農園たやではそのためのマネジメント技法を学べているとロフマニさんは語る。

「農作業に入る前にブリーフィングがあり、チームで効率的に動いています。しかもその作業手順は決まっていて、個人によってブレることがありません。広い農地での種まきや収穫作業もあっという間に終わります」

イマドゥディンさんとロフマニさん。農園たやで彼らが吸収しているのは個別品種の栽培方法ではない。その経営と運営手法を働き手として体験しながら学んでいるのだ。

日本の農園で働きながら国際協力をする――。農園たやは2008年から実践中

農園たやの取り組みは、インドネシアの若者に大きな成長機会をもたらすだけでなく、日本の若手にも大きな刺激を与えている。

農園たやで農場長を務めている佐藤高央《さとうたかお》さんは東京都出身。2012年の採用面接の際、田谷さんは「国際協力は儲からないよ」とくぎを刺したと振り返る。しかし、「収入面も気

にはなるけれど、農業だけをやっている自分は想像ができない」と佐藤さん。ならば一緒に苦労しようかと現在に至る。

佐藤さんは大学では国際文化学科に進み、パキスタンでの現地研修も受けた。協力隊の募集説明会に出席したところ、参加するには専門的な知識や経験、技術が必要だと知った。

「茨城県にある日本実践学園で農業を1年間勉強し、23歳のときに協力隊に応募しました」

2010年1月、佐藤さんは野菜栽培隊員としてボリビアに赴任。住民の現金収入を増やすため野菜栽培を指導することが主な任務だったが、化学肥料は高価で現地の農民には買えない。佐藤さんはミミズを使った堆肥づくりに取り組んだが、佐藤さんの帰国後は持続的なものにはならなかったと明かす。

「現地に残ってボリビアの農業に貢献するという選択肢もありました。でも、僕は日本に戻りたかったし、生まれ育った地域で農業に取り組みたい人を、日本にいながら支援する取り組みをしてみたいと思いました」

しかし、佐藤さんが訪れたほとんどの農業生産法人では「国際協力」には否定的だった。そんな余裕はとてもないと一蹴されたこともある。農園たやだけは佐藤さんが思い描いていたことをすでに実践していた。感銘を受けた佐藤さんは農園たやで働くことを決めたという。この地で結婚相手を見つけて根を下ろした。仕事では、インドネシア人と日本人のスタッフ

農園たやのスタッフと（撮影＝干川美奈子）

の作業分担を決め、フォローしながら監督する立場だ。

「インドネシア人の研修生たちと作業を共にしながら、彼らが帰国後も実践できるように年間の作付けや出荷計画などの営農プランも指導しています。初めての業務は失敗がつきものなので叱ったりすることはありません。なぜ失敗したのかという原因を一緒に探り、次はうまくいくようにするのが僕の役割です」

異国の地で学びながら稼ぎ、インドネシアに帰国後は農業で成功しようと考えている若者たち。佐藤さんは彼らから刺激を受けることが多く、「一方的に教えるのではなく切磋琢磨している関係」だと語る。佐藤さん自身、野菜ソムリエの資格をとって自分たちが栽培した野菜の食べ方を提案するなどしている。

「彼らが帰国した後も目標となるような農園にしなければなりません。インドネシア事業が新しい柱になりつつある農園たやで、既存の農業事業が収益の足を引っ張らないように気をつけたいです」

農業を通じてインドネシアの明日を担う人材を育てたい

青森出身の立崎《たちざき》安寿香《あすか》さんは2015年に入社。現在は、日々の農作業からはほぼ離れて、農園たやのインドネシア事業に専念している。主な事業内容は、福井県の農家を対象にインドネシア人（特定技能）の人材紹介と生活支援だ。求職者と求人のマッチング、面接会の実施、入国から帰国のサポート、面談、運転免許の取得支援、通訳、翻訳など業務は多岐にわたる。

留学した経験から、インドネシアに関わる仕事がしたいと学生時代から考えていた立崎さん。農園たやの農場で約2年間は野菜の栽培や販売の経験を積み、協力隊の現職参加制度でタンジュンサリ農業高校に赴任。日本の農業を比較対象にして、生徒に自国の農業について考えてもらう授業を行った。また、生徒たちが自主的に栽培や販売を行っている「野菜クラブ」にも参加。一緒に日本野菜の栽培にも取り組んだ。

帰国後、農園たやで受け入れてきたインドネシア人にはタンジュンサリ農業高校での教え子もいる。農業、野菜栽培を通じて、インドネシアを担う人材を育てるのが立崎さんの夢だ。

「インドネシアで現地採用することを社内で検討中です。現地からの業務のサポートやインドネシア人への定期的なオンライン面談の実施など、私にはできない分野を任せられたらと思っています」

農園たやで働いている6名の研修生に加え、すでに来日し支援を開始している人が後述するロヒマットさんを含めて3名。2024年中の入国予定は、すでに受け入れている人も含めて、農園たやで2名と他社で11名の合計13名。先述した通り、業務をするにあたって必須の資格である登録支援機関と有料職業紹介の認可は取得済み。2023年末からインドネシア事業は本格稼働しているのだ。

「農園たやでのインドネシア人受け入れ・紹介の取り組みが優良事例となり、良い流れが生み出せたらと思います。受け入れ企業がインドネシアを視察したり、若い従業員の社員研修として協力隊スキームでインドネシアへ派遣したりするなど、相互理解が生まれるような活動もできたらいいですね。個人的には、日本人とインドネシア人の交流の場になるようなカフェの1号店を福井に、2号店をインドネシアに出すのが大きな目標です」

若手農家の小西農園。「すごく真面目な」インドネシア人研修生を受け入れ中

農園たやの近所で白ネギに特化して栽培・出荷を行っている若手農家がいる。元甲子園球児の小西大作《こにしだいさく》さんだ。

小西さんは高校卒業後に繊維関連の工場に就職したが、「この作業と製品が何に使われ、社会にどう役立っているのか」をつかめず、やりがいを持てずに悩んでいた。近所にいる田谷さんに相談したところ「農業は面白いぞ」と言われて、就農を決意。しかし、実家の農業は主軸となる作物がなく、冬は仕事がなくて夏は休みがなくなってしまう状況だった。そこで小西さんは白ネギに特化。10カ月間は安定的に収穫ができて急成長しない野菜なので収穫作業に追われずに済むと判断した。今では土日休みとなっている。

「すべて自分で考えて決められるのが楽しいです。台風などのリスクは怖いけれど」

現在は、弟と2人の正社員、3人のパートスタッフに加え、障害者の施設外就労の仕組みも活用している。

「障害者の方々はネギの皮むきなどの作業を一生懸命やってくれます。いろいろな方に働いてもらえれば、僕も新しいことにチャレンジできるようになると思っています」

２０２３年末に、小西さんは20代前半のインドネシア人男性を特定技能制度で農園に受け入れた。農園たやが登録支援機関として来日と来日後の生活や仕事を支援している。

「ロヒマットくんというすごく真面目な男の子です。農業を営んでいる実家でもジャガイモやキャベツを栽培した経験があり、学校でイスラム教を教えていたこともあるそうです。いきなり寒い時期からの来日でしたが、若いので雪を見てもはしゃいでいます。ネギの収穫は重労働なのですが、体力があるので問題ないようです」

外国人を単なる出稼ぎ労働者だととらえていない田谷さんはカッコいい

実は、ロヒマットさんの兄は農園たやで3年間働いていたことがある。その紹介という形で来日したロヒマットさんは、農園たやの研修棟で他のインドネシア人たちと一緒に生活中。小西さんにとっても本人にとっても安心な環境が整っているのだ。

「たまたま田谷さんが近所にいたことが本当にラッキーでした。僕は田谷さんのようにインドネシア語は使えませんが、スマートフォンの翻訳アプリをフル活用してたいていの意思疎通ができます」

敬虔なイスラム教徒であるロヒマットさん。一日4回のお祈りは欠かしていないが、農作業に支障は出ていない。

「日本の自動車運転免許も取らせてあげたいです。田谷さんの農園ではすでに実例がありますから。車があったほうが本人も買い物や観光が自由にできて楽しいはずだし、農園としても軽トラを運転してくれたら助かります」

小西農園では2024年末までには研修生をもう一人受け入れることを希望している。生活の場では他のインドネシア人と一緒に過ごせているロヒマットさんだが、職場である小西農園では同国人がいないからだ。

「それでは寂しくてかわいそうです。また、僕が年齢を重ねていっても農園を続けるためには若い力を常に活用する必要もあります。常時3名のインドネシアの若者が働いてくれる体制を作りたいです」

小西農園を卒業した後もロヒマットさんとの友好関係を続けていきたいと、小西さんは早々に断言している。

「ロヒマットくんに『インドネシアに帰ってからは何がしたいの?』と聞いたら、『白ネギの農園を作りたい』と嬉しいことを言ってくれました。インドネシアでは白ネギは栽培されていないのでビジネスチャンスかもしれませんし、うちの農園と交流できたらすごく楽しいですね」

先輩の田谷さんは国境を越えた農園交流をすでに実践していて、外国人を単なる出稼ぎ労働者だととらえていない。それがカッコいいし、当たり前であってほしい。自分もカッコよさで負けたくない、と小西さんは真剣な表情で語った。

日本とインドネシア。農業高校同士の交流が20年以上も続いている理由

農園たやは、日本とインドネシアの農業高校同士の交流にも一役買っている。きっかけは2002年に横浜で開催された全国高等学校総合文化祭だった。福井農林高校と交流関係にあった、インドネシア共和国西ジャワ州のタンジュンサリ農業高校を招へい。福井に戻っていた時期だった田谷さんはインドネシア語通訳を依頼された。

「さらなる農業研修プログラムを作れないかというタンジュンサリ農業高校側の意向から、2008年に農園たやでインドネシア農業技能実習プログラムを開始しました」

福井農林高校とタンジュンサリ農業高校との間では友好提携がなされ、2003年より相互訪問事業が始まった。現在でもこの相互訪問事業は続いている。

校長の今澤《いまざわ》ひかりさんは、2015年の同校教頭時代に引率者としてインドネシアを訪問したときのことをこう振り返る。

「インドネシアは日本の言葉でいう『おもてなし』の心が感じられる素晴らしい国です。一方で、実際に行ってすごく高い山の頂上まで畑になっている現実を見ました。もとは熱帯雨林だったそうです」

同校の同窓会の経済的な支援を得て、以前は毎年インドネシアとの行き来をしていた。現在は予算の関係で毎年は難しく、3年に1回の行事となっているが、生徒は卒業するまでに1回は手を挙げて参加するチャンスがある。

「本校の生徒は卒業後も県外に出ずに働くことが少なくありません。先進国ではないインドネシアに行き、観光地ではない場所を見て、現地の高校生と交流する機会は非常に貴重なのです」

インドネシア側の予算カットによって交流が途絶えそうになった期間も、田谷さんが奔走して解決。今後、政権が代わって学校運営の方針が変更されたとしても、交流を継続していくために田谷さんは不可欠な存在だ。

福井農林高校教諭の白崎則子《しらさきのりこ》さんは自らも2000年に生徒として同交流事業に参加し、大学卒業後の2007年1月には協力隊としてボリビアに赴任した経験がある。

「田谷さんは熱意が途切れない人です。相互交流事業という点を、広がりのある面に変えていきたいという姿勢には大いに共感しています」

白崎さんは同事業のインドネシアへの引率を辞退している。他の教員に貴重な成長の機会を譲るためだ。

農園たやは、日本人スタッフをタンジュンサリ農業高校に農業の講師として派遣し続けている。協力隊の現職参加制度の活用である。

農業高校の教育の質を向上させること、また日本に働きに来る生徒たちの現状と将来像を把握するのが主な業務。現地の高校生たちの夢を知ることで、彼らの価値観を理解し、現実的なビジネスプラン策定に役立てられる。

2017年に派遣した立崎さんは、タンジュンサリ農業高校で日本語クラブの活動を促進し、百人一首などを通じて日本語の理解を深め、日本文化を紹介。そのメンバーが2019年には、職業高校の日本語スピーチコンテストでインドネシア国内第3位に入賞した。タンジュンサリ農業高校の学生や教員が日本の理解を深めると、より良い交流に繋がるのは言うまでもない。

現在は2019年に入社した東京出身の森田千晴《もりたちはる》さんが同校で活動中。田谷さんや立崎さんと緊密に連絡を取り合い、両校と両国の橋渡しを担っている。

できること、やりたいこと、やるべきこと。
ローカルで貫き続けると唯一無二の存在になれる

田谷さんの情熱と行動が周囲の様々な人に刺激を与え、高屋町のみならず福井県、そしてインドネシアの農業を静かに変えつつある様子を見てきた。日本人とインドネシア人が国単位だけでなく地域や個人単位で繋がり、様々な組織を巻き込みながら、相互扶助の関係を築いていく。田谷さんにとって、実家の農園はそのための資源に過ぎない。

なぜ田谷さんは情熱と行動を持続できるのか。その源泉は使命感や義務感ではない。プロの農家でありつつ、インドネシアに関する多様な知見と人脈がある田谷さんは、「できること」「やりたいこと」「やるべきこと」を自分なりに見定め、ローカルで貫き続けている。その結果、唯一無二の取り組みとして注目され、日本からもインドネシアからも様々な声がかかるようになり、念願のインドネシア事業を本格化させるに至った。

絶え間ない苦労と失敗の中に、手ごたえとやりがいを感じ続けている日常だろう。田谷さんは情熱を燃やしているというよりも「平熱」が高いのだ。田谷さんに接した人たちは、その熱量に押されるかのように自らも前を向いて猛烈に動き出している。

Column

■野村文希さん

福井県福井農林総合事務所

「農家を支える仕事がしたい」という志を持って2021年に県庁に入った野村《のむら》文希《ふみき》さん。まずは現場の声を聞ける職場を志望。多くの農家の一人として田谷さんと出会った。

「田谷さんの農場経営は優れているので、視察先として協力をお願いすることが多いです。農場での各作業時間を分単位で集計したうえで販売単価を決め、利益の最大化を目指しているところが特にすごいと思っています」

農家を含む自営業では血縁などの繋がりのある人を労働力として頼りがちだ。しかし、それには限界があると野村さんは指摘する。

「外国人の受け入れは人材確保のための手段のひとつだと思います。農業のことをよくわかったうえで、技能実習生を受け入れてきた実績とノウハウがある農園たやの斡旋であれば、他の農家も受け入れやすいはずです」

受け入れ態勢が整っていれば、受け入れ先の農園は経営的に安定し、外国人は単なる出稼ぎではなく農家として成長できる。Win-Winの関係を築けるのだ。

「田谷さんは熱い想いを持っている方です。少しだけお話を伺うつもりが、気がつくと1

時間も経っていたりします。地域だけでなく県全体の若手農家を引っ張ってくれるリーダー的な存在になっていただきたいです」

CASE5
TEXT：大宮冬洋
PHOTO（扉）：千川美奈子

目指すのは

つながり支える力で、生まれ育った環境にかかわらず子どもが将来に希望を持てる社会

一般社団法人チョイふる

代表理事　栗野泰成さん

JICA海外協力隊の派遣国：エチオピア　職種：体育

派遣期間：2014年10月～2016年9月・鹿児島県出身

東京都足立区から〝選択格差〟の是正を目指す「生活困窮家庭へ向け食材配達をツールに居場所と情報を提供」

生活困窮家庭とダイレクトに繋がる仕組み

「生まれ育った環境により、子どもの将来が左右されることのない社会を実現したい」

その思いのもと、東京都足立区内の子どもがいる生活困窮家庭に向け、食材の無料配達を通じた第三の居場所と情報の提供を行う「一般社団法人チョイふる」。代表理事の栗野《くりの》泰成《たいせい》さんが２０２１年2月に興した団体だ。

事業の柱は三つ。

【食料支援事業】

食材の無料配達を希望する18歳以下の子どものいる生活困窮家庭に、月に1回を基本に配達を行う「あだち・わくわく便」と、利用者が食材を受け取りに来るフードパントリー

【居場所提供事業】
子どもたちが遊んだり食事ができる居場所「あだちキッズカフェ」と、オンライン上でスタッフと交流する「どこでも公園あそば〜す」

【情報提供事業】
公式ＬＩＮＥを使い、各家庭に必要な生活支援情報を届ける「繋ぎケア」

幅広い事業を行うのには理由があるという。

「子どもの貧困は親の貧困であり、その根本の解決を目指しているからです。支援が必要な子どもの居場所をつくっても、保護者との関わりがなければ子どもは来てくれません。まずは保護者と信頼関係を築く必要がありました。そこで保護者からニーズの高かった食材の無料配達をすることで困窮子育て世帯と繋がり、お子さんの状況を聞いていく活動から始めました」（栗野さん　以下、会話はすべて）。

チョイふるの三つの事業を通じて支援する世帯数の多くは相対的貧困（手取り年収が国の一定基準の半分に満たない）世帯で、２０２４年３月時点で４０５世帯。

一方、支援する側のチョイふるは、業務委託などの有給スタッフ19人に加え、ボランティアスタッフの登録者は１９３人にもおよぶ。足立区ＮＰＯ活動支援センターの橋爪《はしづめ》晃平《こうへい》所長によると、子どもの支援を目的とした足立区内の福祉系団体のなかで、チョイふるはボランティアスタッフを含めて関わる人数も多く、事業内容も幅広く、規模も大きいそうだ。

月に約100軒、1日で約50世帯に食材配達

食材配達（以下、宅食）を行う「あだち・わくわく便」は毎月第1・第3土曜日に約50世帯に行っているというので、本稿を執筆するにあたって実際にボランティアスタッフとして加わらせてもらい、ある日の様子を見学させてもらった。拠点となるのは、足立区竹の塚にある「神の家族主イエス・キリスト教会」。東武鉄道竹ノ塚駅から徒歩で15分程度、住宅街にある教会だ。

朝9時に教会に行くと、既に栗野さんたちが倉庫などにストックしておいた食材を運び入れていた。企業やスーパーなどから寄付された食材と、補助金などで購入した食材は、米、野菜などの生鮮食品、加工食品、菓子、飲料、雑貨など幅広い。ボランティアスタッフは、60センチ×40センチサイズの配達用コンテナを消毒し、なるべく均等になるように食材を仕分けしていく。レトルト食品や缶詰は下に、傷みやすいトマトや葉物野菜などは上にしながらも、コンテナを重ねたときに食材がつぶれないよう、仕分け作業もコツがいるようだ。

つながり支える力で、生まれ育った環境にかかわらず
子どもが将来に希望を持てる社会

あだち・わくわく便の、出発前の食品仕分け（撮影＝干川美奈子）

宅食はドライバー兼配達員と、配達員の二人一組となり、車で4〜6軒を回る。配達のある週の木曜日までに、あだち・わくわく便ボランティアの専用ＬＩＮＥグループでボランティアに参加できるスタッフを募り、配達日の朝までにシステム担当の職員がペアを決め、ＬＩＮＥで知らせている。このほか業務専用アプリをつくることができるクラウドサービスのkintone（以下、キントーン）では、各ペアが食材を届ける家庭の情報を閲覧できるようになっている。食材仕分け後はペアで集まりつつ、各家庭の情報を確認する作業に入った。

「ボランティア登録者が毎回参加できるわけではないので、年に数回程度参加するというボランティアさんも関わりやすいよう、ス

マートフォンで手軽に見られるＬＩＮＥやキントーンを用いて明確に情報共有をしているんです」

出発前の全体ミーティングでは、当日の注意事項の確認や事務局からのお知らせ、ボランティア初参加の人の自己紹介タイムもあった。初参加の人も気後れしないような和やかな雰囲気だった。

宅食で筆者のペアになったのは、理事の松本匡章《まつもとただあき》さん。中華食材の製造販売を行う四川食品工業の取締役を務めており、あだち・わくわく便の食材集めなどにも尽力している。

この日の食材は、大きいサイズのペットボトル飲料や米も含まれていて重量がかなりあり、二人がかりで持って各家庭を回った。

「わくわく便です」と伝えて玄関に入れてもらったところで、松本さんが持ってきた食材一つひとつの説明を始めた。

会話の糸口として「どんな食材が使えていますか」「毎月どのくらい米を消費しますか」などの質問を保護者にしながら雑談し、家族の健康状態や子どもの学校の話などのメインの質問に入っていく。子どもの様子を知る目的もあるため、なるべく子どもにも出てきてもらって会話できるとなおいいそうだ。

失礼にあたらない程度に家のなかの様子を確認したりすることもボランティアスタッフに

課せられているため、松本さんが話をしている間、筆者は玄関回りの様子を観察した。小さな玄関でも子どもが学校でつくった作品が随所に飾ってある家、靴箱にぎゅうぎゅうに靴が詰め込まれている家、段ボールや学用品で玄関から先が見えない家など、その様子は家庭により様々。物が散乱していないか、電気をつけているか、冷暖房をつけているか、保護者や子どもの服装、においなど、玄関先に10分程度いるだけでも、家庭の状況は推測できた。

数件ではあるが虐待の疑いで緊急通報したケースもあると聞いていたので緊張していたが、丁寧な親御さんや元気に話しかけてくれる子どもたちが多い印象だった。宅食のルートは毎回同じとは限らないが、松本さんのように毎回参加していると利用者と顔見知りになるケースもあり、保護者側も普段誰にも聞いてもらえない心の内を、ボランティアスタッフや職員に息せき切って話してくることもあるそうだ。

車に戻ってから、訪問した家庭で得た情報、話したこと、気づいたことなどをキントーンでつくった宅食業務専用アプリに打ち込んだ。その内容をチョイふるの事務局が確認し、「繋ぎケア」事業として保護者に必要な情報を届けたり、社会福祉士などの専門家と繋げたりしていく。

「シングルマザーの方も多いので、仕事の掛け持ちで忙しくしていて、有益な情報を入手できない家庭も少なくありません。例えばお子さんの高校進学にあたり費用面で迷っているといった家庭があれば、返済不要の無償奨学金の情報をお知らせするなど、各家庭に合った情報を届けています。利用者の8割強がシングルマザーで、そのうちの2~3割は外国籍の保護者です。竹の塚はフィリピンの方が働く飲食店も多いですし、中華系の方が多く住むエリアもあるので。扶養する子どもの数は平均すると3人くらいですが、5~6人いて父親が違うケースも珍しくありません。養育費をもらっている家庭は1・5%くらいで、ほぼほぼ受け取っていません」

チョイふるでは利用登録時に利用世帯の年収や家族構成などを聞き、利用者の経済的困窮度合いを独自に高リスク世帯、中リスク世帯と分けており、宅食については高リスク世帯には月に1度、中リスク世帯には隔月で行っている。利用者の自立を促すため、どちらの世帯も7回目以降は、フードパントリーも兼ねた「あだちキッズカフェ」に取りに来てもらっているが、宅食の希望者は増えて続けている。

参加前は、高リスク家庭ほど家庭不和なのかな、などと勝手なイメージを抱いてしまっていたが、実際伺ってみると、むしろ母親と子どもの仲が良い家庭も多かった。お母さんの膝に座って嬉しそうにおもちゃを見せてくれた子が、帰り際にハイタッチをしてくれたときには、筆者も思わず「また来るね」と言ってしまったほど、心和むご家庭もあった。

対面でもオンラインでも居場所を提供

2024年3月時点で竹の塚、北千住、中央本町（建設中）の「あだちキッズカフェ」では、職員のほか、料理人経験のあるボランティアスタッフなどが中心となり、その日に使える食材を確認して献立を考え、手づくりの昼食やおやつを用意している。絵本や児童書、ゲームやおもちゃも豊富にあり、自由に遊べる場だ。親子での参加も可能で、現状では宅食・フードパントリーの利用家庭であれば、食事代も含めて利用料は無料。保護者の子育て相談などの場としての役割もあり、宅食同様、必要があればチョイふるから福祉などの専門家と繋ぐことも行っている。

宅食の日は竹の塚にあるあだちキッズカフェ内で子ども食堂も行っており、希望する利用者家庭の子どもたちの送迎も行う。筆者のルートでもピックアップがあった。顔見知りの松本さんが迎えに行ったところ、子どものほうもリラックスした様子で、車内でも夏休み中の出来事や学校の話などをたくさんしてくれた。

到着したあだちキッズカフェでは、走り回る男の子、女の子同士でおしゃべりする子、スタッフとゲームをする子、本を読む子など、自由に遊んでいる子どもたちの姿があった。

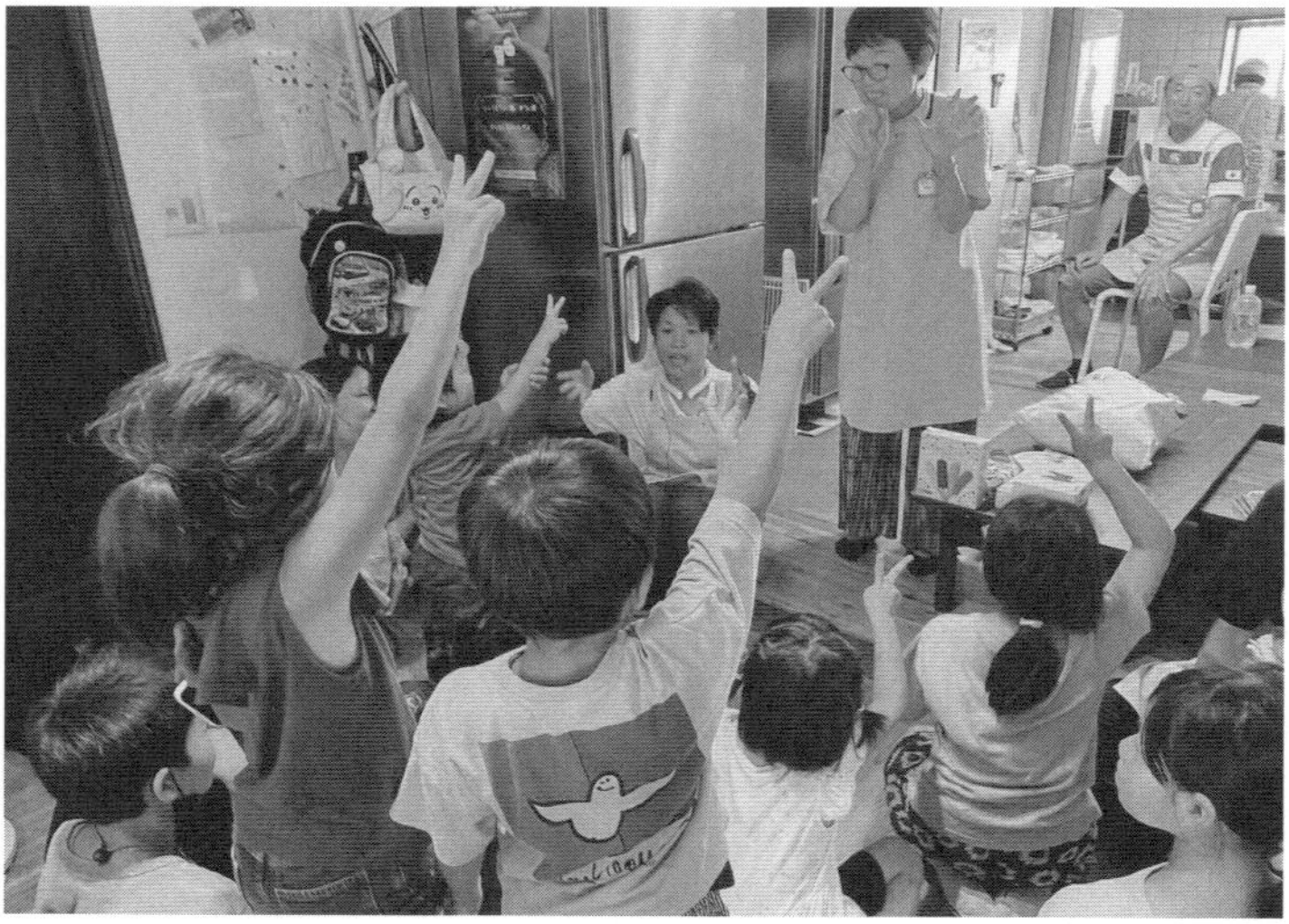

あだちキッズカフェの様子（写真提供＝チョイふる）

「娘が保育士さんに懐いていて」と、お昼がてら遊びに来ている母子もいた。

「対象は18歳までにしていますが、中高生になると自分たちで遊びに行けるので、小学生くらいまでの子どもたちの利用が多いですね。最初は誰ともしゃべらず一人でいた子が、何度か来るうちに友達ができてきたり、嫌いと言って口にしなかったものを食べるようになったり、成長が見られるのは嬉しいです」

一方、オンライン上の居場所「どこでも公園あそば～す」も、生活困窮家庭の不登校児を中心に利用がある。こちらはインターネット上の仮想空間・メタバースを利用しており、ボランティアスタッフと決められた時間にオンラインで会い、一緒に仮想空間を探検したり、建物をつくったりしながら交流する。1回につき2時間までと利用時間を設け、素顔は出さない。それにより人と会うことが苦手な子どもたちに対しても第三の居場所を提供している。

「宅食もメタバースも、僕が一から考えたわけではなく、他団体が行っていたことを、チョイふるの活動に当てはまるようにアレンジしただけなんです。前例があったから軌道に乗りやすかったのかもしれません」

協力隊時代に気づいた、〝選択格差〟是正の必要性

多くの協力者に囲まれ、着実に活動の幅を広げている栗野さんだが、JICA海外協力隊としてエチオピアの小学生たちに体育を教えていたときには、こうしたビジョンは持っていなかったという。

愛知県で小学校の教員をしていたが、環境を変えたいと協力隊に参加した。エチオピアでは首都から車で6時間ほどのアムハラ州デブラマルコスで、アムハラ州スポーツ委員会傘下の東ゴージャム県スポーツ事務所に配属された。体育職種の隊員として、スポーツの優位性を生かし、草の根レベルで「スポーツによる地域コミュニティの活性化」「選手と指導者の

強化・育成」「青少年の健全育成」などの業務を担当するという要請だった。

ボール一つで子どもたちにスポーツの機会と笑顔を与え、スポーツを通じた情操教育を行う「ＯＮＥ ＢＡＬＬプロジェクト」を先輩から引き継ぎ、クラウドファンディングで資金を集め、ナイフで刺してもパンクしないサッカーボール３００個を購入し現地に配った。任期後半には三つの地域にある小学校で「ＵＮＤＯＫＡＩ プロジェクト」を開催した。結果、当初はミスした子どもにチームから外れるように指示していた先生が、チーム全員でプレーすることの重要性を理解できるようになるなど、先生たちにも変化が見られるようになった。

一方、こうしたエチオピアでの協力隊活動とは別に、生活のなかで気づいた今後の人生を大きく変える不幸な現実があった。道端で四肢不自由児が物乞いをする「レンタルチャイルド」の存在だ。

「いつも道端で手足がなかったり視覚に障害のある子どもたちが物乞いをしていました。ある日、雨が降ってきたと思ってその子たちに目をやると、トラックが来て一瞬でその子どもたちが消えていたんです。周囲にあの子たちはどうしたのかと聞いたら、元締めがいて、物乞いのために毎朝、その子たちを道に置いて、夕方や雨が降るようなときにはピックアップして屋内に連れて帰っていることを教えてもらいました。その後、レンタルチャイルドについて書かれた本を読んだりして、貧困層の子どもたちが手足を切られたり、失明させられたりしているということも知り、衝撃を受けました」

栗野さん自身、「父親が借金を抱え、裕福ではない家庭環境で育ち、大学進学時に新聞奨学生の制度も知らなかった。自分が大学に進んだことで、妹は希望していた専門学校進学を諦めざるをえなかった」といった悔しい経験をしてきたが、エチオピアで「自分の生活はましだった。自分で選択ができるだけでも恵まれていた」ことを実感したという。

子どもは、生まれる場所も、育つ環境も自分自身では選べない。しかし、その将来は生まれ育った環境で決まってしまうことも往々にしてある、それは理不尽なのではないか——。エチオピアのレンタルチャイルドの問題は自分が立ち向かうには大きすぎる。しかし、日本の貧困や格差の問題なら、挑戦する価値がある。

「日本では9人に1人が相対的貧困にあると言われています。そうした子どもたちが、選択肢をたくさん持てる社会にしたい、強くそう思いました」

そして選んだ次のステップは、協力隊活動終了後に大学院へ進むことだった。

大学院進学後も試行錯誤の日々

「将来的にNPOか会社を自分で立ち上げたいと思っていたので、エチオピアで体育隊員として学校を巡回しながら行った情操教育の普及活動が社会にどう役立ったのか。それを知るため活動成果を可視化しようと、２０１６年に大学院に進みました。社会的インパクト評価とか、インパクト投資とか、経済合理性のない領域にお金を回すにはどうすればいいかといった視点も身につけ、自分がやれることの幅を広げたいという気持ちがありました」

大学院在学中には友人と二人で会社を立ち上げ、子ども向けの英語学習プログラムを提供する塾経営に乗り出した。しかし、「生徒は来たんですが、そのときに集まってくれたのが、裕福で情報感度が高い親御さんばかりで」。自分がやりたい生活困窮家庭の子どもたちへの教育とは違うと思い、塾は止めた。企業でインターンシップをしたり、ビジネススクールに通ったり、ひととおり研究した後は大学院を中退し、コンサルティング会社の契約社員をしながらビジネスの立ち上げを模索した。しかし、どれも軌道に乗らず数年はうまくいかなかったという。当時は「悩み過ぎて鬱気味でした」と笑うが、そんななか、文京区で行われていた子ども宅食の情報を得たことで、一筋の光が見えた。

「これだ、と思いました」。東京都で最も生活困窮家庭が多く、かつ区としてもその対策をしている足立区で宅食を行ってみようと、２０２０年1月に「足立区こども宅食事務局」を立ち上げ、スタートした。とはいえ、「友人に借りた軽トラックで、一人で10軒程度の家庭を回りました。食材は足立区から避難食の賞味期限が近いものなどを寄付してもらったりしていました」と、当初は栗野さん一人のボランティアベースの活動だったという。

その後の大きな転機は同年3月。新型コロナウイルスの感染が拡大する中、栗野さんが足立区内の困窮世帯にお弁当を届けるプロジェクトに参加した際、子ども食堂「あだちキッズカフェ」を立ち上げて活動していた柏倉美保子《かしわくらみほこ》さん（現・チョイふる理事）と知り合って意気投合。一緒に活動をしていこうという話になった。

「4月から緊急事態宣言期間に入って足立区内のすべての子ども食堂が閉鎖となったので、キッズカフェは休止となりました。一方で食材配達のニーズが一気に高まりました。お弁当プロジェクトは春休み期間だけで終わってしまったので、そこからは柏倉さんの団体や周囲の手伝ってくれる人たちを募って配るようになりました」

配達先が増えたことで、より多くの食材も必要になった。そこで片端から食材を扱っている企業に連絡を入れ、アポイントがとれた企業に出向き食材提供を依頼したり、SNSでも提供を呼びかけたところ、少しずつ協力者や企業が集まった。

一方、2020年3月は世界に派遣されていたJICA海外協力隊も、コロナ禍のあおりを受けて日本への一斉帰国を余儀なくされ、先が見えない状況下にある隊員も少なくなかった。当時足立区内のシェアハウスに住んでいた栗野さんは、オーナーに相談し、同年6月に足立区内の新しいシェアハウスの管理人となって、JICA海外協力隊関係者や子どもの支援に関心のある人を入居者として受け入れることにした。そして2020年夏に「あだち・わくわく便」をスタートするにあたっては、シェアハウスの入居者のなかで興味を持ってくれる人がいれば、食材配達をしてもらうようになった。

「JICA海外協力隊に参加する人たちは、もともと社会課題への関心が高かったり、ボランティア精神がある人が多いので、シェアハウスがあれば仲間づくりの場として機能すると思ったんです。コロナ禍という不安定な時期ということもあって頻繁に入居者の入れ替わりはありましたが、実際、今でも多くの人が手伝いに来てくれます」。一時帰国して再派遣を待つ半年ほどの間にシェアハウスに入居し、家賃をタダにする代わりにインターンとして活動を手伝ってもらったJICA海外協力隊員もいた。

こうして試行錯誤を重ねながらやりたいことが明確化していった結果、2021年2月についに法人化を果たす。「当初は株式会社にして投資家からお金を集めて、大きなビジネスにしようと思ってたんです。でも、その方法でやろうとすると、大学院時代に行った英語塾のような形になってしまって、自分がやりたいことから遠のいてしまう。それで一般社団法人としてチョイふるを立ち上げました。団体名は、生活困窮家庭の子どもたちもChoice（＝選択肢）がFull（＝たくさんある）と感じられる世の中にしたいという思いで名づけました」。

時代に合わせてアプリやSNSも活用し、協力者とともに築く未来

チョイふるが事業を広げられている背景には、どこでも公園あそば〜すでメタバースを利用していたり、SNSで積極的に情報発信や広報活動をして協力者を増やしていくといった、時代に合わせた方法をとっていることが考えられる。

竹の塚にあるあだちキッズカフェのリフォーム費用の多くは、クラウドファンディングを使って集めた。

「教会の牧師さんの兄弟が建設会社の社長さんで、その方からここの物件を紹介していただきました。大家さんからは数年間空き家で取り壊そうと思っていたけれど、子ども食堂などの目的で使うなら、好きにリフォームして使っていいよと言ってもらって、格安で借りています」。2021年11月から12月の約1カ月間のクラウドファンディングで集まった資金は、204万9000円。耐震補強に約300万円、デザインに約50万円かかったが、自分たちでDIYをしてこのほかの費用を最小限に抑え、足りない分は月額寄付や単発寄付で賄った。

あだち・わくわく便で使っているキントーンの専用アプリのベースのシステム構築には、認定NPO法人サービスグラントが、株式会社日立製作所と協働運営する企業プロボノプロ

ジェクトを利用した。サービスグラントは非営利団体の活動を躍進させる力として、プロボノ（＝社会的・公共的な目的のために、職業上のスキルや経験を活かして取り組む社会貢献活動）を用いたコーディネートを行っている。支援してほしいＮＰＯや地域団体がエントリーし、審査を経て採択される。一方、プロボノワーカーには、新規プロジェクト立ち上げ時に立候補をして、チーム編成が行われ、プロジェクトがスタートする。

「わくわく便のシステム構築のために、日立の社員の方の支援で、キントーンのシステムができあがりました。それまでは宅食の情報をgoogleフォームに書き込んでもらって、僕がgoogleのスプレッドシートに全部書き換えていました。今は、ボランティアの方々がキントーンに打ち込んだ情報を当団体のシステム担当者が集約していますが、ボランティアさん、当団体双方にとって作業がだいぶ楽になったと思います」

実際に宅食ボランティアを体験してみて、スマートフォンの小さな画面に長文を打つことに慣れていない人や、そもそも利用者の方とスムーズに言葉を交わしてそれを文章化するのは不得手という人もいるだろうとは感じたが、このキントーンアプリは、より使いやすさを求めてバージョンアップしているそうだ。

そんなチョイふるの現在の資金源は２種類。一つは寄付や助成金、もう一つが自主事業だ。

「最初は助成金に頼ってきましたが、あだちキッズカフェの本棚を一つずつ有料で貸し出す

つながり支える力で、生まれ育った環境にかかわらず
子どもが将来に希望を持てる社会

皆勤賞のボランティアの表彰などを行った3周年イベント（撮影＝干川美奈子）

本棚オーナー制度をつくったり、子育て家庭に関わる企業の商品を利用者さんに紹介して手数料をもらったりといった自主事業も少しずつ行っています」。経済的に合理性のある領域であれば、その部分だけ非営利の活動と切り離して、株式会社にして資金調達をする、ということも今後の可能性としてはあるかもしれないという。

「現在は足立区だけの支援ですが、将来的には全国、日本に限らず海外でも展開していきたい気持ちがあります。でも、足立区の児童扶養手当受給世帯は2023年時点で5500世帯以上あり、正直、このペースだと、全国に200万人ぐらいいると言われている相対的貧困の子どもたちすべてには、到底アプローチできません。スピード感を速めるため

には、そこの営利部分だけ切り出して株式会社化して、その利益を非営利の活動に回すといったやり方も必要になってきます。また、他団体と連携する必要もあります」

それを踏まえ、２０２４年2月に法人化4年目を迎えて新たに始めたのが、「Stand by KIds & Parents（通称　ＳＫＩＰ）」で、専門家への無料相談窓口を他団体と立ち上げた。

「チョイふるの利用者の方のなかで、お子さんに心身障害があって、医療的ケアの相談をしたければ社会福祉法人Social Development Japanが、発達に特性のあるお子さんの育て方などの相談をしたければ株式会社ひいらぎが、お金や生活の困りごとについては一般社団法人チョイふるが担当し、無料で相談に乗ります」。3団体が運用するＳＫＩＰ専用ＬＩＮＥに連絡をもらって対応、匿名での相談も可能だという。「チョイふるだけでできることは限られるので、子どもの問題はすべて地続きである、という共通認識のもと、それぞれの団体が強みを生かして相談に乗ることにしたんです」。チョイふるでは繋ぎケアの延長線上の取り組みになる。

「終わりはない。死ぬまでこの活動を続ける」と断言する栗野さんに、やりがいを聞くと「役に立ってるという実感を持ち始められたことでしょうか」と返ってきた。

あだちキッズカフェに来ても「帰りたい」と言っていた子が、何度か来るうちに楽しみにしてくれるようになったり、保護者の表情が和らいできて、本音を話してくれたりと、少しずつでも明らかに変化が見えたりする。

「自分たちの活動が社会に対して意味があると実感できること自体がやりがいで、貢献を感じられるからこそ、ボランティアスタッフの皆さんも無償でもずっと続けてくださっているんだと思います。こうして話しているときに利用者の方々の顔が思い浮かぶことが大事で、これは中間支援団体やコンサルティング会社では感じにくく、直接支援をするチョイふるだから実感できることです。利用者の方々や子どもたちの個別の変化を見逃さず、見守っていくことは、チョイふるの規模が大きくなっても大切にしたいと思います」

Column

〈チョイふるを支える人々〉

栗野さんがチョイふるを設立・運営していく際、頼っている組織が二つある。

足立区NPO活動支援センター（以下、N活）は、中間支援施設として、区内でNPOを立ち上げたい人や活動中の人への伴走支援を行う。「チョイふるが任意団体だったときに、足立区へ助成金申請をするのに、N活への登録が必要だったんです。最初はそれで伺って、その後は企業がCSR活動の一環として食材寄付などをしたいといった声があがったときに、チョイふるに繋げてもらったりといったことでお世話になっています」（栗野さん）。

橋爪晃平所長にチョイふるの印象を伺うと、「足立区には230以上のNPOがあって、子育て支援などの福祉系が一番多いんです。子ども食堂やフードパントリーも多いんですが、チョイふるは宅食で約280世帯の支援をしていて、ボランティアさんも200人近くいて、規模が大きい印象です。実際、どこに行ってもよく名前が出ますよ」と、まずはそのスケールに安心感があるという。「さらにいいと思うのは、地域課題を現場で見ることによって、活動が展開していっているところです。宅食、子ども食堂、サードプレイス、オンライン上まで網羅している。やってみて課題があればそこに活動範囲を広げていける組織力は強みだと思います」。

加えて、橋爪所長は、栗野さんのSNSやネットを駆使した行動力・巻き込む力にも注目しているという。「情報発信を積極的にやっているところもすごいと思っています。チョイふるのウェブサイトを見ると、しっかりと立ち上げの経緯やメンバー紹介、エピソードが書いてあります。各種SNSやクラウドファンディングにしても、共感を呼ぶことで着実に広がっていますから」。

立ち上げや企業と繋げてもらうことで関わりがあるN活に対し、ボランティアスタッフの募集で関わりがあるのが、足立区社会福祉協議会総合ボランティアセンター（以下、社協）だ。こちらはボランティアを募集している団体の情報を集め、ボランティアをしたい人が登録することにより、ボランティアのマッチングなどを行っている。

「ボランティア希望の方をご紹介いただくだけでなく、社協でクリスマスイベントを行った際にチョイふるの子どもたちにプレゼントをいただいたり、チョイふるがイベントを行う際の後援として名前を連ねてもらうこともあります」（栗野さん）

「ボランティア希望の方は毎年登録制なんですが、必ずうちの職員と面談したうえで、その方のできることやご希望を伺ったうえで合う団体を紹介しています。2023年のボランティア登録者は500人くらいです」と話すのは、加藤和宏《かとうかずひろ》センター長だ。例えば「あだち・わくわく便」は生活困窮者の支援や、フードパントリーの支援などといった希望だけでなく、運転者も必要になるため、「運転ができる」というボランティア登録者も紹介の対象となる。「ボランティア募集といっても、例えば施設でシーツをたたむとか、まったく人と会わないような活動もあるんです。チョイふるの場合は子どもに関わっている点や、直接利用者の方と会って話ができるという点でも、繋げたボランティアさんたちもやりがいを感じてくださっているように思います」。登録は、足立区民以外でもできるという。

同団体の髙橋美紀《たかはしみき》主事による足立区におけるチョイふるの印象は、「チョイふるは、ボランティア登録が200人近くいて、宅食の回数も決まっていて、回る軒数も配る品数も多いのがすごいと思います」。足立区にはフードパントリーも子ども食堂も多いそうだが、開催が不定期だったり、物が集まらなかったり、近所の知り合いだけを対象にしていたりと、小規模なところが多いという。

社協では、事業内容を把握する意味でも担当者が各登録団体に出向いて取材し、社協ウェブサイトに情報を掲載している。「チョイふるさんにもおじゃまして記事を書かせてもらいました。それを見たボランティア希望の方からの連絡もあります」（髙橋主事）。活動に活気があり、宅食、キッズカフェとボランティア募集の内容も幅広いことを把握しているため、ボランティア希望者にもアピールしやすいそうだ。

■柏倉美保子さん

一般社団法人チョイふる　理事

普段はビル&メリンダ・ゲイツ財団（世界最大規模の慈善団体）の日本常駐代表を務めている柏倉さんは、もともと別団体として「あだちキッズカフェ」を創業し、家族や友人らと竹の塚の神の家族主イエス・キリスト教会で子ども食堂を行っていた。栗野さんとの出会いは、コロナ禍に入り、足立区内の子育て世帯にお弁当を配るプロジェクトがきっかけだった。

栗野さんの最初の印象は「(やりたいことに)熱い男性」。「当時私は足立区に住んでいなくて、他のメンバーも地元の人がいないなかで『あだちキッズカフェ』を行っていました。対象とする子どもたちも紹介された家庭に限定していたので、地元の方にメンバーに加わってほしい気持ちもありました。栗野さんとはお互い違うバックグラウンドですが、同じ意識・心を持っていると感じて、一緒に活動しようと思ったんです」。

折しも、コロナ禍でキッズカフェができなくなり、必然的に宅食を手伝うことからスタートすることになった。当初の「あだち・わくわく便」は缶詰や非常食がメインだったため、生鮮食品などを増やしたいと、あだちキッズカフェでも支援を受けていた某食品会社の社長などに直談判しに行ったという。「子ども食堂は来てもらうまでのハードルがありますが、宅食やフードパントリーを行うことで、親戚の家でご飯を食べる感覚であだちキッズカフェに遊びに来てもらえたら嬉しいです」。

別のボランティアにも関わり、難民支援や児童養護施設を卒業した子どもたちのケアなどもするアクティブな柏倉さんは、幅広い視点を持って対応できるチョイふるの大きな原動力だ。今後、別団体も立ち上げ、チョイふるでは対象外の人々への支援も行うという。

「将来的には、洋服や住居など、生活のすべてを皆でシェアできるような社会の仕組みをつくりたいんですよね」と、壮大な理想を抱き、格差なき社会を目指している。

■松本匡章さん
一般社団法人チョイふる　理事

「初めて来た人は大抵、俺と組むの。次も来てもらえるように、楽しく教えながら配達するからね」と話すのは、チョイふるの理事で、現在四川食品工業（四川料理の料理人・陳建民さんが創業した食品会社）取締役の松本匡章さん。栗野さんとの出会いは、人づてだ。

チョイふるの活動を発信する栗野さんのSNSをチェックしていたある中小企業診断士が、取引先の食品会社会長にチョイふるのことを話したところ、その会社からお米の寄付をしてもらえることになった。その経営者の紹介で訪ねて来たのが、当時社員だった松本さんだったという。

「最初は食材の手配でなにか手伝えればということで会いに行ったんだけど、栗野くんと話をしたら、若い子が頑張っているなと応援したくなって。食材の手配は、普段から食品卸の仕事をしているから、一緒に寄付を頼んだり、安く購入させてもらったりしてる。配達は腰痛抱えながらも、食材配達の準備からやっているんだよ。人使いが荒いからさ～

（笑）」。ボランティアは教会に積まれた食材の山を、宅食用のコンテナに分けて入れていくところから始めるが、宅食の日は寄付していただいた食品を倉庫などから教会に運ぶ作業も発生する。これが米や飲料などもあって非常に重く、大変なのだそうだ。

朝の全体ミーティングなどでも、ちょっとした一言を添えてその場を盛り上げるムードメーカーだ。「仕事しているとたまにしか参加できない人もいるけど、皆が居心地よく参加できる場にしたいと思って。だから数カ月ごとでもよかったら参加してみたら」と筆者にも声をかけてくれた。食材だけでなく、ボランティア確保にも一役買っている。

■井野瀬優子さん

一般社団法人チョイふる　居場所事業責任者

もともとはいちボランティアとしてチョイふるの宅食に参加していた井野瀬優子《いのせゆうこ》さん。

「私自身が母子家庭で育ったので、昔、家でも学校でもない居場所に救われた経験があります。そこでは自分を受け止めてくれて、もやもやした気持ちが晴れました」。

足立区には結婚してから住み始めた。保育士を辞めて不登校児支援の団体を立ち上げていたが、チョイふるの報告会を聞いて心惹かれるものがあり、まずはボランティアに参加することにしたという。その後、あだちキッズカフェの施設長の募集が出た折、自身の団体は後継の方に任せ、手を挙げた。「チョイふるでは、宅食やフードパントリーを通じて、日々の生活の悩みを具体的に感じたり言語化できていないお母さんたちにも、食材を媒介にしてアプローチができるのが魅力です。利用者の方には、家庭の困りごとを一緒に考えましょうというスタンスで向き合っています」。

　利用者の母親たちから感謝される日々だが、自分のため、納得感のためにやっているという井野瀬さん。「たくさんのことを同時にできない性分なんですが、栗野さんは相談すると冷静に受け止めてくれるのでなんとかできています」と謙遜したが、「自分と同じ境遇だった子どもたちが今もいる。そのことを知っていて、なにもしない人生は気持ちが悪い、それだけですね」という言葉だけは、まっすぐな目を向けて話してくれた。

CASE6
TEXT・PHOTO（扉）：千川美奈子

目指すのは

若者が「農業・農村はかっこいい」と思い、地域の豊かさを感じられる社会

NPO法人自然塾寺子屋、株式会社自然塾寺子屋
代表　矢島亮一さん

JICA海外協力隊の派遣国：パナマ　職種：村落開発普及員
派遣期間：1999年4月～2001年4月・群馬県出身

群馬県甘楽富岡地域から世界とつながる「農村研修・体験を通じて日本と世界の未来を育てる」

農業を軸にした町づくりや国際協力活動

豊かな農村地帯が広がる群馬県南西部の町、甘楽町《かんらまち》。世界遺産「富岡製糸場」で有名な富岡市と隣接し、かつては養蚕でも栄えたこの町は、多品種の野菜などを生産する人口およそ1万3000人の農村だ。

その甘楽町に、「農村から日本と世界の未来を育てる」をキャッチフレーズに掲げるNPO法人「自然塾寺子屋」(以下、寺子屋)はある。理事長を務めるのは、JICA海外協力隊OV、矢島亮一《やじまりょういち》さんだ。2001年に任意団体として自然塾寺子屋を設立して以降、03年に特定非営利活動法人格を取得、15年に株式会社も設立しながら、途上国と甘楽富岡地域の農村を繋ぎ、地域の活性化に取り組んできた。

多国籍の方が参加する寺子屋圃場の田植え体験（写真提供＝自然塾寺子屋）

現在の事業の柱は大別すると次の四つであり、最初の三つを株式会社自然塾寺子屋で、最後の一つを特定非営利活動法人として運営している。

【人材育成事業】

ＪＩＣＡや農林水産省などからの受託事業として、派遣前のＪＩＣＡ海外協力隊員の研修や、海外からの農業研修員向けの研修事業など。

【多文化共生社会を推進する事業】

外国人材の生活サポートを行う「グローバル人材生活安心パック」や、「通訳・翻訳サービス」の提供など。

【地域活性化に関する事業】

「古民家かふぇ信州屋」運営や、移住

コーディネートなど。

【青少年育成などの活動】

日本の子どもたちにスポーツや遊びを通じて、国際交流の機会や多様な国籍・文化を持つ人との交流機会の提供。

このなかでも特徴的なのが、最初の農業関連の研修事業である。研修の講師は地元専業農家の皆さんが担っており、町をあげて地域外から来る人たちを受け入れている。自然塾寺子屋の研修事業がきっかけとなり地元の有志農家が立ち上げた「甘楽富岡農村大学校」に所属して、協力隊員や各国からの研修員に技術指導をする農家は延べ78軒にも及ぶ。

今もＪＩＣＡ海外協力隊員として赴任する前の若者が、甘楽富岡地域の農家にて研修を受け海外に旅立っている。そのような協力隊員のなかには帰国後にこの地域に戻ってくる若者もいる。

新規就農者として甘楽町に移住した髙野《たかの》一馬《かずま》さん（モザンビーク）、自然塾寺子屋の事務局長を務める森《もり》 栄梨子《えりこ》さん（ホンジュラス）、甘楽富岡地域で養蚕業を営む浅井《あさい》広大《ひろお》さん（ネパール）や市川《いちかわ》 素《もと》さん（インド）などである。いずれも自然塾寺子屋の研修を受けたり、イベントに参加したり、甘楽富岡地区の隊員関係者を訪ねてきたりしたことがきっかけでこの地域に移住し、今度は地域活性化に取り組んでいる。まさに第二の協力隊員としての活動だ。

協力隊から帰国後も日本で協力隊活動!?

矢島さんがこの自然塾寺子屋を始めたきっかけは、ＪＩＣＡ海外協力隊に参加したことである。矢島さんは大学卒業後、カナダに渡ってアウトドアガイドを務めた後、国内の外資系ホテルに勤務。１９９９年に長年の夢であった協力隊に参加し、中米のパナマ共和国に村落開発普及員として派遣された。農家の方々への農業指導や農村のグループ組織を活性化させるなど、農民の生産性向上などが主な活動であった。しかし、「自分の知る農業技術が使えないことに愕然《がくぜん》としました。山岳ガイドをしていたのでアウトドアの経験はあったものの、火の焚き付けひとつとっても、道具がないともたつきました。そこで〝何もできない〟自分がいることに気づかされた。本当は協力隊員としての任期を延長してもっと活動したかった」と矢島さん。

そこでいつパナマに帰ってもいいように、もしくは中南米に帰ってもいいように、日本でしっかり技術的なものを身につけたいと思い、炭焼きをやったり、改良カマドの作り方を学んだり、協力隊活動の延長みたいなことを日本でやりはじめた。それはパナマで協力隊員として孤軍奮闘する矢島さんを現地の人々が、「共に働く仲間」として受け入れてくれたことへの恩返しがしたいという思いがあったからかもしれない。

同時に、「群馬県の太田市や大泉町を中心に外国からの移住者が多くいたので、その子どもたちの支援が何かできないかと考えていた。スペイン語を日本に帰ってからも役立てたいという思いもあったが、外国人材の子弟がドロップアウトしてしまうことに問題意識を持っていた。彼らは能力もあり自国であれば高校、大学へと進んでいけるはずなのに、日本にいると義務教育課程が終わり高校への進学段階で『あなたのお子さんが通える高校はありません』と言われてしまっていた。この理不尽な状況を何とかしたい、という思いがあった」と矢島さん。

そこで矢島さんは群馬県庁の青少年こども課（当時）に、夏休み期間だけでも外国人材の子どもを預かりたい、と相談に行く。国際キャンプという形で1週間から10日間程度、キャンプ場を借り切って、せっかくなので日本の同年代の子どもたちも招いて「国際寺子屋」というものをスタートさせた。これが自然塾寺子屋の原点である。ただ、この事業だけで食べていくことは困難であり、アルバイトもしながら小学校・中学校の「国際理解講座」の講師としてパナマの現状を紹介したりしていた。この頃は諦めてサラリーマンになるしかないという思いが半分ありながらもがいていたという。

甘楽町で見えた一筋の光

そのようなときに自身の赴任国であったパナマから、研修員を受け入れてくれないかという話が入ってくる。当時、林野庁からパナマに技術協力の専門家として赴任していた高野憲《たかのけん》一《いち》さんからの依頼であった。自然塾寺子屋の看板は掲げていたものの、まだ特定非営利法人になる前の段階であった。この時期は自身の確固たるフィールドが欲しいということもあって、群馬県内の嬬恋村、片品村、昭和村など様々な町村を回っていたがどこからも相手にされず、唯一理解を示してくれたのが甘楽町であり、甘楽町での活動を模索していた時期でもあった。

パナマからやってきたたった一人の研修員であるが、甘楽町の農家に協力してもらい研修を実施した。「これがきっかけとなり、日本の農業の発展・改善のプロセスを、日本の農村から海外の人に伝えていこうと思ったし、農業を軸にした町づくりや国際協力活動という方向性が見えてきた」と矢島さん。

当時、唯一矢島さんの話を熱心に聞いてくれたのが甘楽町の茂原荘一《しげはらしょういち》町長だった。町役場の助役として、農業を軸にした町づくりに取り組んだ経験を持つ茂原町長は当時を振り返り、「正直、国際協力についてはそんなに知識はなかったので、矢島さんがやりたいことのすべてを理解できたわけではなかった。ただ、矢島さんの熱意・思いがしっかりしていた。町村交流や国際交流を進めていきたいという気持ちもあったので、町づくりにも役立つ」と感じたとのこと。自分の思い描くような活動が十分に展開できていなかった矢島さんにとって、一筋の光が見えた瞬間だった。

ただ、事業はそんなに簡単に軌道に乗らない。この時期に自然塾寺子屋の事業だけでは食べていけないので、開発コンサルタント会社の採用試験を受けたそうである。最終面接でコンサルタントとして働くのであれば、甘楽町で取り組んでいる活動はやめて就職するように言われた。

「そのときに就職してしまおうという思いもあった。けれど、それまでお世話になっていた甘楽町役場の方々や農家の皆さんにも『矢島くんはどうなるかな。定着するかな』というように思われていたので、僕が『甘楽町を離れてサラリーマンになります』と、もし言ったら『ああ、やっぱり』という声が聞こえてきそうだったので、サラリーマンの道をお断りして年収50万円くらいの甘楽町での生活を選びました」と矢島さんは当時を振り返る。

地元、甘楽富岡地区の農家が派遣前の隊員の先生に

その1～2年後、転機が訪れる。矢島さんと同じ村落開発普及員として海外に赴任する協力隊員向けの技術補完研修を引き受けることになった。自然塾寺子屋の活動を始めてから3年後の2004年のことである。

当時、村落開発普及員として赴任する協力隊員は座学での研修しかなかったので、矢島さんは青年海外協力隊事務局の関係者に提案書をもっていき、甘楽町でこのような研修ができると働きかけたのだ。たった一人のパナマ人への農業研修がきっかけとなり、大きな歯車が回り出した。この研修である程度の実績をつくると、次に野菜分野の研修もやってくれないかという話が入ってくるようになり、この頃から年間を通じて研修を提供できるようになっていった。自然塾寺子屋の事業が形になり始め、この時期に特定非営利法人化を果たす。この野菜分野の研修を受けに来たのが後に甘楽町に移住する高野一馬さんである。

しかし、課題はあった。当時は研修受け入れ先を農協に相談して、紹介してもらった農家で研修を実施していた。ただ、そのときは研修を提供する講師ということで、地元でも農家としての実績がある有名人の高齢者ばかりを紹介されていた。「これでは10年先はリタイア

してしまい、研修を実施してくれる農家がなくなってしまう、発展性がない」と思ったときに周りを見渡したら、30代後半から40代ぐらいの農家の後継ぎたちがいた。そういう人たちと一緒にやった方がいいと思った矢島さんは、二回目の研修は隣接する富岡市も含め、これからの甘楽富岡地域を支えていく若手農家の皆さんに協力をお願いした。その一人が現在の甘楽富岡農村大学校の校長で白石農園を営む白石義行《しろいしよしゆき》さんである。
「就農して間もないころで畑仕事ばかり。農家仲間や近所のじいちゃん、ばあちゃんとの付き合いだけだったので、研修員を受け入れることは〝面白いな〟と素直に感じた」と白石さん。当時、白石さんは農協の青年部の会長だったこともあり、青年部の仲間で研修員の受け入れを積極的に進めた。ただ、後任の青年部会長から「大変だから嫌だ」と言われてしまったので、それまでの2～3年間に研修員の受け入れに関わってくれていた若手農家を集めて「甘楽富岡農村大学校」を設立したそうである。

自然塾寺子屋は研修グループごとのテーマに沿った講師陣を、地元の農家、農協、行政から組み合わせてメニューを組み、双方の顔合わせから実習・講義内容の通訳までを担当する。例えば、「農村開発・水資源開発」に関する研修コースでは、イチゴ農園やバラ農園での研修、市場での品質管理に関する研修、甘楽多野用水土地改良区の視察や実際に用水路の管理

甘楽富岡地区の農家さんが海外研修員らを指導する（写真提供＝自然塾寺子屋）

を担っている方々からの講義、地域農産物のプロモーション方法、農業協同組合の経営についての講義など研修メニューを組み立て、講師となる方々をアレンジし研修を実施する。これまで実施してきた主な研修コースは次のとおりであり、このような研修を実施しながら日本の農村と途上国を繋いできている。

・園芸作物栽培コース
・果樹栽培および育苗技術コース
・園芸作物研究開発コース
・持続可能な環境保全型農業による小規模農民支援・農業技術普及手法コース
・市場志向型農業振興コース（ＳＨＥＰ）
・フード・バリューチェーン コーディネーター育成研修

・中核リーダー農業者育成交流研修
・農林業普及および農村振興コース
・生活改善アプローチによる農村開発政策の改善コース
・住民参加型農村開発プロジェクト運営管理コース
・行政と住民の協働による地域開発コース
・道の駅による地域経済振興コース
・灌漑行政コース
・森林減少抑制のための参加型土地・森林管理プロジェクト

（自然塾寺子屋のＨＰより）

とはいえ、この研修事業の立ち上げも順風満帆だったわけではない。甘楽富岡地域の人々が協力隊員や海外からの研修生を最初から快く受け入れてくれたわけではない。まだまだ、どこの馬の骨ともわからぬ矢島さんが研修員を受け入れてくださいと言っても、なかなか理解してもらえず、様々な苦労があった。それでも外から来た人たちが「教えてもらう」姿勢を忘れずに、必死になって取り組む姿を見た地域の人たちが、一人、また一人と協力者になってくれたのだ。協力隊時代に矢島さんが経験したように。

協力隊員として赴任した途上国にはお金や物質的な豊かさこそないものの、〝人〟として生きることの繋がりを感じられる瞬間があった。「もう一度、人と人との繋がりを感じられる場が必要なのでは？」という自然塾寺子屋を起業したときの気持ちが、一つひとつの研修コースを立ち上げ実施していく過程で形になっていった。

そのような地道な活動が実を結び、甘楽富岡農村大学校のメンバーは延べ78人になり大学校は15年目を迎えている。また、これまで自然塾寺子屋で研修を受けた途上国からの研修生は１１４４名となり、今も自然塾寺子屋と繋がっている人たちも多い。さらにＪＩＣＡ海外協力隊員として赴任する前に自然塾寺子屋で研修を受けた日本の若者は６１３名を数え、それらの若者は途上国から帰国後も日本各地で地域活性化などに取り組んでいる。

〈甘楽富岡農村大学校　白石義行校長の思い〉

自然塾寺子屋を通じてJICA海外協力隊として海外に赴任する前の若者を受け入れることについて「スーパーでも野菜などの買い物をしたことがほとんどない若者が甘楽富岡地域で研修を受けると『いろいろな物事を見る目線が変わった』と言ってくれるのが嬉しい」と白石義行さん。また、地域にとってもいくつもよい効果があると言う。第一に甘楽富岡地域でも農業人口が減っているが、自然塾寺子屋を通じて甘楽富岡地域で研修を受けた若者のうち、何名かが新規就農者として戻ってきてくれたこと。更に、移住までしないものの関係人口が増えていることも町にとっては貴重なこと。また、協力隊として赴任する若者や海外からの研修員を受け入れることで、日々の農業にもやりがいを感じられることも大きな効果と言う。少しでも良い研修を提供しようと仲間の農家と話し合いを行うなど地域内のコミュニケーションが促進され、交流が広がっているそうだ。白石校長は自然塾寺子屋の活動によって地域が元気になり、活性化している実感があるので、このような事業を地域のためにも是非続けてほしいと願っている。

Column

〈甘楽中学元校長・飯塚真琴さんの思い〉

甘楽中学の元校長である飯塚真琴《いいづかまこと》さん。自然塾寺子屋が受け入れる途上国からの研修員と生徒たちの交流機会を設けることに積極的に協力してきた。「母国を発展させたいという研修員の方々の志に触れてほしいという思いがあった。その結果、生徒たちに自分の人生は自分が主人公であり、自分が考えて行動していく必要があるということを理解してほしかった」と飯塚さん。研修員らがそれぞれの国を背負って来日していることや、母国に家族を残して日本に来ていることなども生徒に伝えるようにしていたという。その結果〝他に善かれかし〟つまり、利己的なものを上回る利他的なものを持っていれば様々な困難を乗り越えられる、誰かのためならパワーが出る、という思いを少しでも生徒たちに持ってもらうことを期待していた。自然塾寺子屋の事業はそのようなことを具体的に見せてくれるものだと感じていたそうである。

自然塾寺子屋について、「まず、矢島さんをはじめとするスタッフの人柄に惹かれた。その人に人間的な魅力がないと入っていけないが、矢島さんの周りに集まってくる人を見ると『間違いない』と感じた。JICA海外協力隊に参加した人は『自分で自分のスイッチを入れた人（一歩踏み出した人）』。そのような人たちが甘楽町に集まってきてくれているのは嬉しい。自然塾寺子屋、甘楽町、ＪＩＣＡが人を育てている証ではないか。恩返しではなく、恩を繋いでいく、その場としての自然塾寺子屋に今後も期待したい」と飯塚さんは熱く語った。

自然塾寺子屋ならではの新しいビジネス展開を模索

このようにして、自然塾寺子屋の背骨となる事業が構築されていった。日本の農業の発展・改善のプロセスを、日本の農村から海外の人に伝えていく。同時に地方に残る人と自然の豊かさを、日本の若者に伝えていく。様々な〝繋がり〟により事業基盤を構築していった自然塾寺子屋は、次に甘楽町の地域活性化にも本格的に取り組み始める。

農作業や生活文化体験プログラムを開始し、体験を通して農村の魅力を伝える活動である。この体験プログラムは日本へ留学してきている学生向けのものや、企業人材研修の一環として行うもの、アグリツーリズム、農村暮らし「ていねいな暮らしツアー」、田植えや稲刈りの体験、キャンプイベントなど、様々な形で日本の若者や子どもたちに提供しているものもある。もちろん、日本の子どもたちにスポーツや遊びを通じて国際交流の機会や多様な国籍・文化を持つ人との交流機会をつくる活動も続けている。

そして2016年4月に、甘楽町役場からそれまで町が運営していた無料休憩所兼喫茶「信州屋」の運営を任されるようになる。これまで実施してきた研修事業による地域活性化の取り組みや、学生たちを集めた様々なイベントや研修を通して関係人口の増加に取り組んできたこと、協力隊の移住者をはじめ移住者のサポートの実績が評価されてのことである。

もともと「よろず屋」として明治、大正、昭和と時代を超えて地域を支え、たくさんの人が行き交っていた場であった。そんな場を町のみなさんと来訪者のみなさんを結ぶ複合施設として運営している。

1階右はカフェの営業と雑貨販売が行われており、淹れたてのコーヒー、こだわり素材を使用したドリンクやソフトクリーム、季節に応じて変わるメニューなどが楽しめる。1階左手は、まちの玄関口として周辺の観光情報などを案内する場となっている。2階は、ライフスタイル、文化、社会教育などに関する様々な講座やイベントを年間を通じて開催しており、地域の人々が集まる拠点となっている。この拠点も活用しながら、近年ではグリーンツーリズムに関する取り組みなども行っている。

さらに、人材不足が深刻化するなか、同県の企業で外国人技術者の雇用が活発化し始めたのを受け、2018年に彼らの暮らしやすさを支援する新たな仕組み「グローバル人材生活安心パック」をスタートさせる。日本で働く外国人技術者に向け、医療面や日本での様々な手続き、職場での人間関係のトラブル対応などをサポートするもので、甘楽町にある人材紹介会社の株式会社シバタデザインパートナーズ、群馬県で医療通訳者の派遣などを行っているＮＰＯ法人「群馬の医療と言語・文化を考える会（ＭＩＧ：Multilingual Interpreters in Gunma)」と、自然塾寺子屋の三者が組んで運営するものだ。

雇用する外国人に関して何か問題が発生すると、まず「総合窓口」である矢島さんが企業からの相談を受け付ける。問題の内容によって医療に関することならＭＩＧ、ビザの更新や法律に関するトラブルは県内の提携行政書士、「役所の手続きがうまく進まない」といった問題や社内での人間関係のトラブルなどならば自然塾寺子屋が対応するという仕組みだ。

企業に安心感を持って外国人労働者を雇ってもらうために、有事の際の支援をあらかじめ約束するものであり、「保険」に近いイメージのサービスである。シバタデザインパートナーズが「外国人労働者ひとり当たりいくら」という年間契約を企業との間で結び、ＭＩＧと自然塾寺子屋がシバタデザインパートナーズから有料で実際の支援業務を請け負うというビジネスである。主に日本入国初年度の方が加入されており、これまでに39社58名の利用があり、現在も5名が本サービスを利用中である。

このサービスは「技能実習生」ではなく「高度専門職外国人」として雇用された外国人材を対象としている。技能実習生は日本の監理団体が対応するが、高度専門職外国人の場合は、受け入れる企業が自力でトラブルに対応しなければならないからである。しかし、「外国人」に慣れない企業にとっては荷が重いので、それを代わって担おうというのがこのサービスだ。

実際のビジネス立ち上げの経緯はこうである。甘楽町に本社を置く株式会社柴田合成という歴史のある地元企業がある。柴田合成は地元の優良企業であるものの、「都市部に人材が流れてしまう」という悩みを抱えていた。工学部などを出た日本の若者を技術者として採用したいものの、なかなか採用できない状況にあった。

一方、矢島さんは過去に自然塾寺子屋で研修員として受け入れたベトナム在住の隊員ＯＶを介して、現地の人材紹介会社「ウィン・ウィン・ジャパン」に伝手があった。同社は信用できることがわかっていたので、同社の社長が来日した際、柴田合成へ紹介した。

力量をきちんと確認してから採用を決めたいということで、ウィン・ウィン・ジャパンが紹介するベトナム人技術者数名に筆記試験を行ったところ、柴田合成に応募する日本の大学生の平均を3割も上回る点数だった。その後、柴田合成の社長が現地に赴いて面接試験も行ったが、「パーフェクトだった」と驚いていた。そうして柴田合成でベトナム人技術者5名を高度専門職外国人として雇うことになった。そこで課題となったのが、彼らが仕事や生活のなかで外国人として直面する様々な問題をどうフォローするかということ。そんな経緯から「グローバル人材生活安心パック」が生まれた。

このサービスを思いついたのも、自然塾寺子屋の仲間たちの甘楽町での経験があったからである。甘楽町に移住してきた自然塾寺子屋のスタッフや仲間（後述の高野さんや森さんなど）の移住第一部隊は甘楽町にとっては〝外人第一号〟（※ここでいう〝外人〟とは〝そとのひと〟の意）。そして高度専門職外国人や技能実習生として来日した人々が〝外人第二号〟で、外人第一号が経験してきた様々な苦労を伝えることで、第二号の外国人材の方々が暮らしやすい地域づくりをしていきたいという思いがあった。

「よそ者で、そこに生活するにあたってよくわからないルール、昔からの繋がりがあって、結構大変なことがいっぱいある。隣保班なんて言葉は、もう都会ではないかもしれないけど、地域のなかの結《ゆい》の精神で、地元でお葬式があったときに協力するとか、そういうことがまだある。突然、『〇〇さんの家のおばあちゃんが入院したから５０００円ね』とか、『地域の子どもの運動会があるから出てね』とか、そういうルールがあるなかで、外国の人が来たらもっとわからない。そうであれば、もう少しそのような情報や暗黙のルールを整理整頓して、見える化した上でサポートしたい」と矢島さん。ただ、このことを直接外国人に話したところでまったくもってわからないため、受け入れている会社の社長さんたちに伝え、必要があれば「グローバル人材生活安心パック」としてサポートしているということである。

ここにも地域を少しでも元気にしたいという矢島さんの思いがある。「外国人労働者のみなさんが少しでも生活しやすいような環境づくりをしていくことが、地域のこれからを担っていく道であり、そのためには行政や地域にもともと住んでいる住民の皆さんにも理解してもらう必要がある。我々協力隊員は任地でマイノリティの立場を味わっているから、日本で働く外国人労働者の気持ちがわかる。協力隊員は、現地の方々に『ともに暮らす仲間』として受け入れていただき、彼らから生きる知恵を学ぶ。今度は日本で暮らす外国人の方々を『ともに暮らす仲間』として受け入れる。農村が培ってきた文化を今に生かしながら、国内外からの移住者も差別なく楽しく暮らせる町、甘楽富岡地域だからできる町づくりをしていきたい」と矢島さん。

日本は労働力不足の時代に突入している。特に多くの地方は第一次産業と第二次産業が中心であり人手不足が深刻である。第一次産業の農業については、農家の高齢者率が非常に高く、群馬県では平均年齢が70歳近くに達しているそうである。第二次産業にしても日本の若者は都市部の企業に流れていってしまうため、地方の産業は外国人の方々にも支えてもらわなければならなくなってきている。そうした外国人の方々に「ここなら安心して生活できる」と思ってもらうことは重要であり、この「グローバル人材生活安心パック」の需要はますます高まっていきそうだ。自然塾寺子屋では併せて、通訳や翻訳のサービスも提供している。

このように自然塾寺子屋は株式会社として事業を分離し、各種研修事業、外国人材の支援や地域の拠点の運営などの事業を行っている。同時に非営利のＮＰＯ法人として国際協力や地域の活性化に関する取り組みを行っている。どちらにも共通するのは地域を元気にしたい、そのためには国籍に関係なく「人」として対等に迎え入れる、そして人と人との繋がりを大切にしていくという思いがある。

甘楽富岡地域に集まってくる人々

甘楽富岡地域には協力隊のＯＶで移住した人が15人ほどいるそうだ。協力隊として赴任する前に自然塾寺子屋で研修を受けた人、自然塾寺子屋のイベントなどに参加した人など様々だ。甘楽町の茂原町長は「矢島さんとの繋がりで甘楽富岡地域に移住してくれる協力隊ＯＶがいるのは嬉しいこと。帰国隊員の皆さんは地域に溶け込むのも早く、消防団や組合など地域の役割も担ってくれる存在。優良農家として地域の経済にも貢献している」とおっしゃっている。人を温かく迎え入れるのが甘楽富岡地域の魅力であるが、自然塾寺子屋が果たしている役割も大きい。どのような経緯や思いをもって移住してきているのか紹介していく。

若者が「農業・農村はかっこいい」と思い、
地域の豊かさを感じられる社会

古民家かふぇ信州屋の前で。左から自然塾寺子屋事務局長の森 栄梨子さん、理事長の矢島亮一さん、理事の髙野一馬さん（撮影＝干川美奈子）

■髙野一馬さん（モザンビーク／野菜栽培／2006年度2次隊）

大学の生物資源科学部の研究室で農業に出合い農業の楽しさを知った髙野さんは、就職活動をせずに研究室の先輩も参加していた協力隊へ応募。条件付きであったが見事合格し、農業の実務経験を積むための技術補完研修として、甘楽富岡地域で6カ月間の研修を受けることとなった。自然塾寺子屋が手掛けた野菜分野の研修の第二期生であった。そのとき、研修先の農家として髙野さんを受け入れてくれたのが、現在も師匠として尊敬する農家の加部《かべ》孝志《たかし》さんだった。

モザンビークでは〝食べて生きる〟ことが難しい人々がいたことに直面し、日本に帰国しても農業をやりたいという漠然とした思いがあった。そこで矢島さんに相談したところ、自然塾寺子屋のスタッフとして働かせてもらいながら畑を探したり、空き家を探したりと就農の基盤を整えていく機会をもらえたとのこと。今では積極的に耕作放棄地を借り受けるなど、頼もしい次世代の担い手として地域での存在感を増している。「地域に貢献したいという大きな思いはないが、地域の期待に応えられる人間ではありたい」と髙野さん。矢島さんから直接何かを言われることはないけれど自然と導いてくれる人、この道に導いてくれたのは矢島さんとの出会いがあってこそ、と笑顔で話してくれた。

■森 栄梨子さん（ホンジュラス／村落開発普及員／2010年度4次隊）

協力隊として赴任したホンジュラスで、甘楽町での研修を受けたホンジュラス人にお世話になった森さんは、ホンジュラスから帰国後に自然塾寺子屋のイベントに顔を出すようになる。これが甘楽町に移住するきっかけだった。自然塾寺子屋の活動に参加するなかで、人も風景もホンジュラスで感じた魅力が残っていた。

「人と人との繋がりが色濃く残っている甘楽町の人たちはホンジュラス人と一緒だと思いました。自分がホンジュラスで感じた温かさと同じものを感じる」と森さん。群馬の片隅で実践者と実践者が本物の国際協力をしているという思いに至り、気がつけば自然塾寺子屋に就職していた。

今では自然塾寺子屋の事務局長として、請け負う研修のコーディネーター兼通訳としてなくてはならない存在となっている。「研修員を受け入れるというと支援対象として見られてしまうことも多いですが、教わることもたくさんある。双方の農業の実践者の出会いをサポートできるのが醍醐味で、群馬の片隅で本物の人材交流を行っている。そんなところがすごくやりがいがある」。

自然塾寺子屋のこれからについて、これまで培ってきたノウハウやネットワークを活かして、マイクロツーリズムなど新たな事業を展開していきたい、人が来ることによって地域は活性化するので、起業や事業継承など人材と人材の繋ぎ役として〝街の人事部〟的な役割を担っていきたいそうである。そして自分が感じた甘楽町の〝心地よさ〟を、外国人も含めて誰もが感じられる地域にしていきたいと森さんは目を輝かせている。

■高野憲一さん（元林野庁職員）

矢島さんとの出会いはパナマ。高野さんが技術協力の専門家として派遣されている時期に、矢島さんも協力隊員としてパナマで活動していた。自然塾寺子屋は実績もなかったのに、最初にパナマからの研修の一部を自然塾寺子屋にお願いしてみようと視察先に組み入れたのは、

「少しでも応援できればという気持ちがあった」と高野さん。

その後、林野庁でのキャリアを進めた高野さんは群馬森林管理署長となり、定年を迎える。そのころから甘楽町に小さな農園を借りて週末に甘楽町を訪れるようになった。自然塾寺子屋を引き続き応援したいという気持ちもあり、自然塾寺子屋の顧問にならないかと言われたときには二つ返事で引き受けた。

今は甘楽町地域おこし協力隊の役割も担い、都内の住居を売却して夫婦で甘楽町に移住した。「自然塾寺子屋の事業は国際協力関係が主になっているが、さらに地域で発展していくために、森林関係など事業の柱をもう一つ二つ、つくっていくことに貢献したい」と高野さん。このような応援団がいることが自然塾寺子屋の強みでもある。

■浅井広大さん（ネパール／村落開発普及員／2012年度3次隊）

大学を卒業して新卒で協力隊に参加した浅井さん。ネパールではキノコ栽培の普及、牛舎の改善、農薬や肥料散布の講習会などの活動を行うこととなっていたので、赴任前に自然塾寺子屋にて技術補完研修を受講した。「その際、単なる技術だけではなく、経営的なことも教えてもらうとともに、一緒に汗をかいて活動のネタを探すことや、人間関係の濃いコミュニティにどのように入り込むのかということも学ぶことができた」と浅井さん。その結果、赴任する頃には〝農家さんってかっこいい〟という思いをもって赴任することとなったという。

帰国後、自然塾寺子屋に挨拶に来たことがきっかけで、ネパールの震災復興支援に携わるようになった。自然塾寺子屋での業務の傍ら、養蚕について学び始め、師となる金井《かない》一男《かずお》さんという農家さんと出会い、お蚕上げのタイミングを五感を使って見極めることなどを知るにつれ、養蚕の魅力にはまっていった。当時、群馬県か長野県のどちらで養蚕をやるか迷っていたところ、矢島さんが甘楽町役場とも相談して、地域おこし協力隊のポストをつくってくれるということになった。そこから金井さんや黒沢さんという養蚕農家で修業させてもらいながら、自立するための基盤を整えていった。また、ねぎの栽培は協力隊の先輩でもある髙野一馬さんから教えてもらった。「甘楽富岡地域に移住する決断をしたのは自然塾寺子屋の存在が大きい。自然塾寺子屋の門を叩いたことにより、自分の人生が広がり、今の自分がいると感じる。人づくりの場所でもあるし、魅力的な人が集まる場所でもある。自分にとっては『巣』みたいなもの。そこに帰れば何でも相談できる」と浅井さんは微笑んだ。

■市川 素さん（インド／コミュニティ開発／2016年1次隊）

大学卒業後、岡山の造船会社に勤めていた市川さんは協力隊に参加し、インドでコミュニティ開発隊員として養蚕農家の生計向上に取り組んだ。しかし市川さん自身に養蚕の技術や経験があったわけではなく、現地の養蚕農家の人々の期待に十分応えきれなかった。また、過去にＪＩＣＡが技術協力を実施したこともあり、インドの養蚕農家は日本の技術や日本人に対して感謝や尊敬の気持ちを持ってくれている一方で、日本の養蚕業が衰退していくのはもったいないと思うようになっていた。そこで漠然と日本で養蚕をやりたい、と考えるようになった。帰国後、サラリーマンとして仕事をしたがその思いを忘れることができず、ロールモデルとなる浅井さんがいる甘楽富岡地域に地域おこし協力隊として飛び込んだ。矢島さんからすれば孫弟子だ。

現在、養蚕農家として独り立ちできるように日々奮闘している。「ＪＩＣＡ海外協力隊に参加し、インドの人々の生活を実体験したからこそ〝何とかなる〟〝人間はどうとでも生きていける〟〝いずれよくなる〟と楽観的に考えられるようになった」と市川さん。インドが自分の人生を変えてくれたという思いがあり、養蚕農家として独り立ちした後には、いつか自分自身の技術でインドへの恩返しをしたいと考えている。そのために、高齢化が進む養蚕農家の先輩たちから技術を受け継ぐことに必死で取り組んでいる。そんな市川さんを自然塾寺子屋の先輩たちが温かく応援している。

自然塾寺子屋の未来

最後にこれから自然塾寺子屋として取り組みたいことを伺った。そこでもやはり地域を元気にしたい、日本の農村の魅力を伝えたい、人と人との繋がりを大切につくっていきたいという矢島さんの思いが溢れていた。

「まずは今、目の前にある地域の大きな課題である少子高齢化と農業離れの状況を、何とか変えていきたい。浅井広大さんの養蚕にしても、高野一馬さんの農業にしても、地域ではベンチャー的な存在になっている。起業家として彼らが輝いてくれれば、人が集まってくれるのではないかと思うし、集まってくれるような場所に自然塾寺子屋をしていきたい。また、様々な地方で輝いている人たちが繋がっていけば、地方の魅力をさらに高めていける。人口が減少している地域でも協力隊ＯＶたちなら突破口を開く力がある。だからそういった人たちを繋げて、新たな変革を起こしていくようなことは続けていきたいと思う。また、群馬県や甘楽富岡地域の活性化のためにも、山林を守るとか、廃校寸前の学校を新たな視点で、外国人労働者の子弟を受け入れる学校にしていくという夢もある。外国人労働者の子弟も本当はすごく優秀なのに、日本語の壁のために高校受験できない子どもが多い。進学できませんでしたではなく、そういう子たちが集まれる高校とか、母国語が使えて、なおかつ海外の大学と繋がっているような高校ができたらいいなと思う。そのときはＪＩＣＡの力も少しお借りしたい。例えば、パナマの大学、ベトナムの大学、ネパールの大学、そことも繋がっている、スペイン語、ネパール語やベトナム語で学べる高校。そんな高校ができたらと。さらに空き家問題や事業継承の問題などにも取り組みたい。協力隊ＯＶなら『自分がやりますよ！』と直ぐに手を挙げてくれるのではないか。そのために、必要な資金をサポートできるような仕組みをつくれるようにしたい」

まだまだ引退どころではない。海外協力隊員としていつでもパナマや中南米に戻れるようにと、一人の青年が始めた活動は地域に大きな活力を与え続けている。まさにＪＩＣＡ海外協力隊員としての活動を、甘楽富岡地域で今も続けている矢島さんの情熱は途絶えることがない。

茂原甘楽町長は「矢島さんとの繋がりで甘楽富岡地域に移住してくれるＪＩＣＡ海外協力隊ＯＶがいるのは嬉しい。協力隊の赴任前の研修として協力隊候補生が町に来てくれることで町の人たちも元気になる。協力隊員には農業を中心にいろいろなことを学んでもらうが、町の人たちも学ぶことがある。町が温かく迎えて送り出してあげることで、繋がりが生まれていく。そうした人材が、甘楽町は暮らしやすい、何かあったら助けてくれる、という町にしてくれる。外国人材にも地域の一員と思ってもらえるようにしていきたい。そのために、隊員OVが相談相手やサポート役になってもらえるとありがたい」と自然塾寺子屋への思いを伝えてくれた。地方創生・地域活性化の一つのモデルがここにある。

CASE7
TEXT：橘 秀治
扉写真提供：自然塾寺子屋

グローカル・イノベーターたちの活動を振り返って

橘 秀治（青年海外協力隊事務局長）

1. 共感で社会を変える

ＪＩＣＡ海外協力隊の経験者で社会課題の解決に取り組んでいる7人について見てきた。ケース1の坪井さんはウガンダの農村部で、長く解決されていないハンドポンプの井戸に関する維持管理を解決するソーシャルビジネスを立ち上げた。現地のリアルを見つめ、井戸の維持管理と料金回収の難しさに着目し、誰もが公平に、「従量課金型」で簡単に、確実に水代を支払うことができる自動井戸水料金回収システム「ＳＵＮＤＡ《スンダ》」を開発し、普及に努めている。坪井さんのビジョンに共感して、多くの仲間がウガンダ全土、そしてサブサハラ・アフリカの水問題を解決するという目標を応援している。

また、ケース2の徳島さんはフィリピンで貧困などが理由で足を切断せざるを得ない人々と出会い、「必要とするすべての人が、義肢装具を手に入れられる世界をつくる」という一生をかけて取り組みたい社会課題を見つけ出した。そして、デジタル技術を活用しての解決策を提示し、その解決策に共感してもらえた方からの応援を得てビジネスを拡大させている。坪井さん、徳島さんの取り組みは、技術が社会を変える原動力となり、人々のために知恵を絞れば明るい未来を開くことができると思わせてくれる好例だ。

ケース3の奥さんは過疎化・少子化が進む地域で「ひとりぼっちをつくらない地域・社会をつくる」ことを目的に多世代・多機能交流拠点づくりに取り組んでいる。一番の特徴は、奥さんに共感した様々な専門資格を持ったスタッフが集まっており、できないことや課題がそれぞれ違う利用者に対しても適切な対応ができることである。私も視察に伺った際、利用者のお一人が「単なる利用者としてではなく、カラフルに行けば役割を与えてもらえることがうれしい」とおっしゃっていたが、当たり前の生活や何気ない人との交流が本当に幸せな時間だということを気づかせてくれる取り組みだ。

ケース6の栗野さんは「生まれ育った環境により、子どもの将来が左右されることのない社会を実現したい」という思いの下、多くのボランティアが参加しやすい仕組みやシステムをつくり共感の輪を広げることで、経済合理性が低い領域での事業モデルをつくり始めている。取り組んでいる課題も重要であるが、誰もが持っている利他の心を具体的な行動に移せるように参加しやすい仕組みをつくっていることが秀逸である。奥さん、栗野さんともに地域の課題に取り組みながら地域力を育んでいくモデルを示しており、他地域への展開が期待される。

ケース4の新居さんは「日本における多文化共生社会の実現」を目指し、外国人が抱える様々な問題や悩みを解決に導く活動を行っている。まだ外国人材の問題がこれほど深刻化する以前から協力隊をはじめとする海外での経験を踏まえて、この問題に皆で取り組み始めた。当初事業規模300万円だったNPOを100倍の事業規模3億円、職員160人（そのうち正職員は73人）というソーシャルビジネスを事実上立ち上げた。多くの方が新居さんの思いや取り組みに共感し、日本各地で多文化共生社会づくりが進み始めている。

また、ケース5の田谷さんは高齢化と人手不足が深刻で、機械化にも限界がある日本の農業において持続可能な解決策の一つを提示している。それは海外からの若者の成長と地元農業の働き手確保を同時に実現し続けるというものだ。特徴的な取り組みは独自の研修プログラムを提供し、帰国後のビジネスプランづくりを支援している点である。そして帰国後も交流を続けることで帰国した若者が活躍する。その結果、優秀な人材が「農園たや」での就労や研修を希望して集まってくる。現在は、そうした若者を「農園たや」で雇用するだけでなく、近隣の農家に紹介する事業にも乗り出している。日本の地方で、受け入れ先と外国人がともに栄える道を探り続け、一つのモデルとして注目される存在となっている。新居さん、田谷さんの取り組みは外国人材との共生を進めつつ日本も元気にしていくという、ある面でいま最も日本社会が取り組まなければいけない課題の解決方法の一つを示しているといえる。

ケース7の矢島さんの取り組みは国際協力としての研修事業に基軸を置きつつ、地域で誰もが集える場所づくり、外国人材のサポート、地域で就農する若者の支援など総合的な取り組みを実施して地域を元気にしている事例である。これまで自然塾寺子屋で研修を受けた途上国からの研修生は１１４４名、さらにＪＩＣＡ海外協力隊員として赴任する前に自然塾寺子屋で研修を受けた日本の若者は６１３名を数え、それらの若者は途上国から帰国後も日本各地で地域活性化などに取り組んでいる。自然塾寺子屋は日本各地で地域活性化に取り組む協力隊ＯＶの結節点になっており、ここから新たな共感やネットワークが生まれ、そこからイノベーションに繋げていっている。

このように７人に共通するのは、取り組んでいる課題は違うものの「この課題を何とか自分のアイデアやビジネスで解決してやろう」という思いや情熱を持ち続けているということ、そしてその思いと課題の解決策に共感してもらうことで事業を推進していることではないだろうか。

しかし何故、このような持続する思いや情熱、そして高い共感性を持つに至ったのか、なぜソーシャルビジネスを生き生きと展開できているのか？

２．三つの経験

その理由の一つはやはり、ＪＩＣＡ海外協力隊員として途上国の見知らぬ地域や組織で現地の人々と一緒に活動してきた経験があるからではないだろうか。協力隊員は開発途上国で原則2年間（※1）ボランティアとして活動する。また、相互理解を深めるために現地の人々と同じような生活環境に身を置く。そこには驚き、発見、思うように成果が上がらない苦労、そして現地の方々に受け入れられる喜び、貧困に苦しむ人々の姿を前にしての強い憤りなど、様々なことを体で感じることができる。これはニュース、ＳＮＳや動画などを観て単に知ることとはまったく異なる実体験である。その中でも特に大きな影響を与えていると思われる実体験は次の三つの経験ではないか。

一つめは失敗する経験である。協力隊は相手国政府などからの要請があり、派遣される。協力隊員として期待される活動内容は要請書に記載されている。この要請書が活動の出発点になるが、派遣されたらまず現地の状況を確認し、ニーズや課題を見極め、その課題の解決方法を自ら考えていく必要がある。上司が指示してくれるわけでもなく、マニュアルがあるわけでもない。自分自身で現状を調査し、計画をつくり、予算を確保し、協力者を見つけて実行に移していく。これは小さな起業体験と言えるかもしれない。ただ、多くの場合初めて住む開発途上国で、見ず知らずの地域や組織で活動するため、ほとんどの隊員が大なり小なり失敗をする。試行錯誤を繰り返すことになるが、日本からのボランティアという立場で、多少の失敗が許される環境にある。

翻って日本はどうであろうか？　学生時代であれば多少の失敗経験があるかもしれないが、社会人となり何らかの組織に属して仕事をする場合、そこで〝自分自身で現状を調査し、計画をつくり、予算を確保し、協力者を見つけて実行する〟というような経験をできているだろうか。ましてや失敗することを許容されているだろうか。むしろ、失敗しないように、失敗しないようにと教育・育成をされ、いつのまにかリスクをとることができない臆病な性格になってしまっているのではないか。２０１０〜２０１４年にかけて行われた世界価値観調査によれば、次のような質問に日本は「当てはまる」とした人が、いずれもほぼ最下位だったということである。

●新しいアイデアを考えつき、創造的であること、自分のやり方で行うこと（最下位）
●冒険し、リスクを冒すこと、刺激のある生活（最下位）
●社会の利益のために何かをするということ（58カ国調査で最下位）

※1　短期派遣などもあるが長期の派遣は原則2年間

この調査結果が発表された当時、日本国民とりわけ20代の若者は、リスクを取らないと評価される報道が相次いでなされた。

失敗や試行錯誤が許される環境でなければ自分のアイデアを思いっきり試すことはできない。そこで苦労して、小さいながらも自分なりの成果を出す、何かを形にする、そのような経験が自らを大きく成長させる。このようなことを協力隊の活動で経験することにより『失敗する力』を身につけてくる。この『失敗する力』がチャレンジ精神やアニマルスピリット（野心的な意欲）、行動力や諦めない力といった社会起業家として必要不可欠な能力に結びついているのではないか。

第二にコミュニケーションを成立させるという経験である。これは単に外国語能力のことを意味しているのではない。もちろん、協力隊として現地で活動するためにはその国の言葉を習得することも不可欠であり、協力隊員は個人差はあれど一定の語学力を身につける。ただ、ここで言っているコミュニケーション能力とは、見知らぬ地域や組織で他者から信頼される力や多様な人と繋がる力のことを意味している。現地では、どんなによい計画を立てても、その計画に共感し、一緒になって取り組んでくれる人がいなければ実行には移せない。外国人である協力隊員はまず自分が信頼たり得る存在であることを、周囲の人たちに理解してもらうところから始めなければならない。そのために、時には自分が実施したい活動を一旦横に置いておいて、現地の仲間たちの仕事を手伝ったり、時には単純なマンパワー（労働力）として貢献したりしなければならないこともある。自分の考えだけに固執していては、信頼関係は生まれない。そもそも〝よそ者〟であり、外国人である協力隊員が地域や組織に受け入れられ、信頼されるに至るまでには日本で同じことをするときよりも倍以上の苦労があるであろう。自分が何者であるかを理解してもらい、自分が実施したい活動を言語化し（それも外国語で）、一人でも二人でも共感してくれる人を見つけていく。予算を獲得し、持続的な活動にしていくためには、組織や行政の長などに自ら説明しなければならないこともある。頭の中で汗をかき、知恵を絞って理解者や共感者を増やしていき、最終的には多様な人々と繋がりながら社会課題の解決に取り組む。これがコミュニケーション能力である。幸いにも外国人かつボランティアという存在だからこそ、若くても直接、行政や組織の長など権限を持った方と話をする機会がもらえるという側面もある。

このような経験を大なり小なり経験してくる協力隊員のほとんどが、「助けに行ったつもりが助けられた」「教えに行ったつもりが教えられることの方が多かった」という感想を持って帰ってくる。逆に言えば、共感してサポートしてくれる仲間を得たということでもある。本書で取り上げた7人についても異口同音にそのようなことを言っていた。このような心持ちがあれば、自分一人では何もできないものの自らが行動すれば必ず理解者・共感者は得られ、道が開けるという自信に繋がるのではないか。現に7人の取り組みは、その過程は異なるものの、いずれも「その課題を一緒に解決したい」、「その課題に取り組むあなたの解決方法を応援したい」といった共感を得て、少しずつ社会を変えようとしている。

第三に自ら問いを立てるという経験である。安全で豊かな日本とは異なり、開発途上国にはまだまだ貧困などの社会課題が山積しており、それを日常的に体験する。例えば、学校に行かずに路上で物乞いをしている子どもがいたり、安全な水が確保されていない、救える命が救えない、障害者は家の片隅でひっそりと暮らすしかなく社会に出ることができない、スラム街、難民キャンプ、ごみの問題などなどである。教科書や新聞では貧困という言葉を目にすることはあるが、協力隊員たちはそれを自分の生活空間の中で目の当たりにする。もちろん、日本国内でもそういった経験ができないわけではないが、目に触れることは圧倒的に少ない。そこで、生涯をかけて取り組みたいという社会課題を見つけてくる、あるいはその根っこになるような思いを持って帰ってくる。そしてその課題にどのように取り組むか、自ら問いを立て様々な壁にぶつかりながら前進していくのである。AIには既存の世界の多種多様なデータを検索し、調べて、それを集大成として出すことはできるが、「今、何が問題なのか」という新たな問いを立てることはできないし、思いをもって試行錯誤することもできない。

前述のとおり協力隊の派遣期間は基本的に2年間。最初の半年から1年で現地の生活や仕事のやり方を学び試行錯誤を繰り返し、課題を発見して計画を立て、2年目ぐらいから活動に脂が乗り始め、更にあんな活動もやりたい、次はもっと結果が出せるというような気持ちを持ちながら帰国を迎えることも多い。このような気持ちが次への取り組み、そして持続する情熱に繋がってくるのかもしれない。

このような三つの経験が相まって「思い（情熱）」ともいえるものが生まれていることは7人に共通している。「思い（情熱）」とは、解決したい課題や創りたい世界ができ、その課題を解決したいという強い気持ちで、それぞれの事業や取り組みを進めていく過程で困難を乗り越えられる胆力の源である。さて、読者の方も気づかれたかもしれないが、協力隊員として経験してきていることは、まさに冒頭で言及したこれからの日本に必要となる未来の人材、「好きなことを追究して高い専門性や技術力を身につけ、自分自身で課題を設定して、考えを深く掘り下げ、多様な人とコミュニケーションをとりながら、新たな価値やビジョンを創造し、社会課題の解決を図っていく人材」そのものではないだろうか。

現在は変化の速いＶＵＣＡ〈Volatility（変動性）、Uncertainty（不確実性）、Complexity（複雑性）、Ambiguity（曖昧性）の四つの単語の頭文字をとった造語〉と言われる時代。気候変動、貧困や格差、感染症、食糧危機など地球規模的課題、ウクライナやパレスチナをはじめとする紛争、難民の問題、権威主義の台頭による世界の分断、ドローンやＡＩ・ロボットの実用化が加速、少子化・高齢化にともなう生産年齢人口の減少などＶＵＣＡの要因を挙げればきりがない。このような時代、すなわち今まで通りの延長線ではない時代では、自ら考え、判断し、行動していける力が必要となってくる。また、そのためには複雑化した状況を肯定的に捉え「多様性を受け入れる」こと、自ら情報収集をして「正しい問いを立てる」こと、たとえ困難な状況であっても「諦めない」ことなどを身につける必要がある。日本の企業も机上の知識だけではなく、実際の問題解決能力を持っている人材を必要としているのではないか。

また、これからの日本は外国人材をはじめ多様性が不可欠であるが、それに伴い多様性を受け入れるコミュニケーション能力が求められる。個人の文化的背景や価値観・考え方の違いを理解し、相手の考えをくみ取るコミュニケーションスキルは不可欠である。多様な人材と共感できること、そこから共創が生まれイノベーションに繋がっていく。

イノベーションや新規事業は社会の課題を発見し、それを解決しようとすることから生まれる。そのため自分事としての社会課題を発見でき、多様な価値観に触れることで共感性を高めた人材、すなわちグローバルな視点も持ち、ローカルに（地域や自分事として）行動し、そこから小さなイノベーションを起こしていけるグローカル・イノベーター、それが本書で取り上げた7人ではないだろうか。

3. 社会起業家への第一歩

もちろん、本書で取り上げさせていただいた7人は起業やそれに近い形で社会課題の解決に取り組んでいるが、ＪＩＣＡ海外協力隊に参加したからといって皆が起業するわけではない。むしろ大半の隊員ＯＶは企業や組織に所属して普通に仕事や生活をしており、そうした日々の暮らしの中でボランティア活動や仕事を通じて社会貢献している。帰国後3年または5年の隊員にアンケート調査を実施しているが、アンケート結果からは隊員ＯＶの少なくとも50％以上が、地域活性化などの取り組みを実施しているという結果が出ている。小学校や中学校に出向いて途上国のことや国際協力の意義について伝えること、地域の外国人材へ日本語を教える活動、障害者の雇用促進に取り組む活動、子ども食堂や高齢者の居場所づくり、希少言語の通訳ボランティアなど様々な活動に取り組んでいる。今回、本書で取り上げた新居さん曰く、多文化共生社会づくりが注目される前から、地域で外国人材へ日本語を教える現場に行くと隊員ＯＶに出会うことが多かったという。このように日々の生活の中で地道に協力隊の経験を日本社会に還元しようという方が多くいることは心強い。このような動きこそが、ＪＩＣＡ海外協力隊事業の目的の一つである社会還元そのものであると言える。

一方、帰国後のアンケート調査によると起業している隊員ＯＶは数パーセント程度である。ただ、肌感覚としてはその割合は増加傾向にある。それには様々な要因があると思われる。日本社会全体でスタートアップなど、起業を応援しようという空気が一過性のものではなく定着しつつあることや、クラウドファンディングの利用や休眠預金の活用など、様々な手段が増えてきていることもあるかもしれない。また、現在の若者にとって終身雇用という考え方はなくなりつつあり、自分のキャリアは自分で作っていくということで転職も当たり前になってきている。そしてその転職先としてスタートアップや社会起業家の企業を選ぶ方も増えている。更に日本社会は右肩上がりから失われた30年を経て、大きな転換期にある中で自分でも何か貢献したいという思いを持つ若者が増えているのではないか。

もちろんＪＩＣＡ海外協力隊を経験していない方でも起業している方はたくさんおり、多くの成果を上げている。経験者と経験されていない方とで有意な差があるのかは未だ確認できていない。ただ、日本政策金融公庫が実施した「２０２１年度起業と起業意識に関する調査」によれば、起業動機のトップ3は「自由に仕事がしたかった」「収入を増やしたかった」「自分が自由に使える収入が欲しかった」というものであり、JICA海外協力隊経験者とは少し起業の動機が異なる。JICA海外協力隊経験者の起業目的は社会課題の解決や、誰かのために役に立ちたいという利他の気持ちが動機であることが多い。起業に必要なマインドとして、思い（高い志と使命感）、プラス思考、精神力と行動力、好奇心などがあげられるが、協力隊員としての活動の過程でその中でも最も大切な「思い」を持つに至ったことが、社会起業家としての原動力になっているのかもしれない。

さて、地球温暖化や貧困、紛争など、自分たちの未来に向けて意識せざるを得ない社会課題が浮き彫りになってきたこと、東日本大震災をはじめとする自然災害や新型コロナウイルス感染症拡大といった未曽有の危機を経験し〝人のためにできること〟を考える機会が増えたことから、これから社会に出る若者や既に社会で活躍している若い方の中には、「人のためになる仕事がしたい」、「社会に貢献したい」と感じている方もいるだろう。ただ、自らが社会の抱える課題と向き合いつつも、どのように取り組んでいけばよいのか悩んでいる方も多いかもしれない。そうした時、今回紹介した7人のケースは何らかの参考になるのではないか。NPOなども含めて帰国した隊員OVが起業しているケースは他にも多くあるが、特に今回取り上げた7人の取り組みはそのアプローチやビジネスモデルの再現性という意味でも学べる部分が多いためだ。

また、起業せずとも副業として小さいながらも社会課題解決に取り組んだり、プロボノとして彼らのような取り組みをサポートしたりするということから始めてもよいだろう。起業だけが答えではなく、ボランティア活動や日々の仕事の中で取り組めることもある。小さな行動を起こしながら少しずつ社会を変えていくこと、グローバルな視点も持ちながらローカル（地域や自分事として）で日々の人々の暮らしに寄り添って、具体的な変革をもたらそうとすることから始めていけばよい。その過程で自分なりの「思い（情熱）」を見つけ出し、社会起業家への一歩を踏み出せるのではないか。「思い（情熱）」を見つけるためにＪＩＣＡ海外協力隊に参加してみるのも一案である。

最後に、ＪＩＣＡ海外協力隊事業であるが、依然として昔ながらのイメージを持たれている方も多い。確かに筆者が協力隊に参加した四半世紀前は、日本社会に必ずしも適応できないちょっと変わった人が参加するものとか、帰国後の就職に苦労するなどキャリア形成にはマイナスであるという印象を持たれていたかもしれない。一方、現在は帰国した隊員の約9割は1年以内に就職をはじめとする進路を決めている。海外展開を行っている企業からの採用希望の声をいただいたり、自治体などで協力隊経験者を積極的に採用しようというところもある。

特に日本における在留外国人数は、約３００万人を超え年々増加しており、外国人労働者数も過去10年で、２・５~３倍に増加している、少子高齢化、人口の減少に伴う労働力の減少を補うための、外国人労働者の受け入れは、都市部・地方部ともに必要となっており、将来的に必要とされる外国人労働者数は２０３０年には４２４・４万人、２０４０年には６７４・１万人の需要量になる（下図）。

今後、外国人材と協働しなければ様々な日本国内の課題を解決できなくなっていく。逆に言えば外国人材と繋がることで様々な新しい試みもできる可能性が増えてくる。多様な外国人材とともに新たな日本を共に作り出す発想が必要である。それを一緒に推進する日本の若者が不可欠であり、そういった若者を育てていく必要がある。

ＪＩＣＡ海外協力隊でなくとも留学でも民間ボランティアでもよいが、今こそ世界に飛び

2030年、2040年の外国人労働者需要量

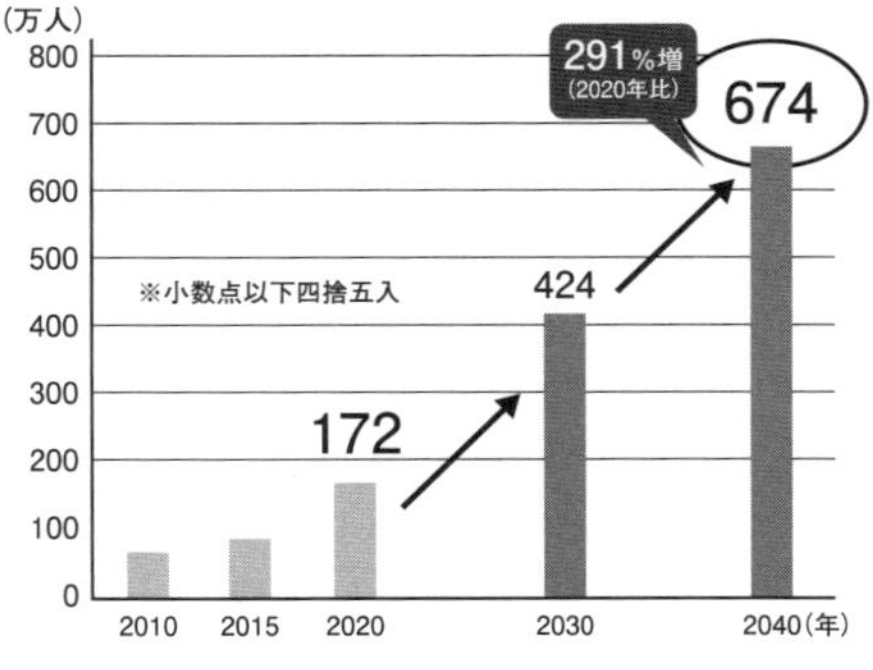

出典：JICA調査研究『2030/40年の外国人との共生社会の実現に向けた取組み』より

出し、自分自身が「外国人」となって生活し、様々な文化や習慣に触れる機会をつくっていくべきである。国籍も人種も生活様式も価値観も異なる人間と交わり、異文化の中で自身がマイノリティとして苦労した経験を国内で得ることはできない。

　このような経験をした人材が多文化共生社会をつくる推進役となっていくため、若者を世界に送り出すことは日本を元気にすることにも繋がっている。元気なシニアも自らの経験や技術を伝えつつ、異文化を経験し、帰国後は外国人材の支援などの活動を精力的に行っている方も少なくないため、こちらも応援したい。生き方も多様化し、人生の豊かさやキャリアに対する考え方も多様化している。誰かのために役に立ちたい、社会課題を解決したいという思いをもって生きていく、自分が少しでも世の中に役に立っていると実感できれば、豊かな人生になっていく。そのような思いを持った若者やシニアがグローカル・イノベーターになることで日本は「課題先進国」から「課題解決先進国」へとなっていけるのではないか。本書がその一助になれば幸いである。

ボランティア経験の社会還元に向けたJICAの取り組み

橘 秀治（青年海外協力隊事務局長）

これまで、隊員ＯＶがボランティア経験をどのように生かして社会課題の解決に取り組んでいるかを見てきた。多くの隊員ＯＶは２年間という派遣期間が終わっても協力隊員としての経験を生かし、国際社会や地域社会の一員として社会課題の解決に向けた活動を継続している。協力隊といえば途上国での活動に注目が集まりがちだが、帰国後の活動には、彼らの力や想いが一層表れているとも言える。

今回取り上げた7人の隊員ＯＶの体験談からは、彼らが独自に課題意識を持ち、自らの意志とコミュニケーション力と行動力で、今の活動が形になっていたことがおわかりいただけたと思う。ＪＩＣＡ（青年海外協力隊事務局）が行えることは、このような隊員ＯＶが活躍できるようなきっかけづくりや学びあいの場の提供、ネットワーク形成の支援などである。

そこで本項では、国際協力の成果を日本社会に環流させ、新たな共創を生み出していくことを促進するために、事業の主体であるＪＩＣＡが始めた新たな取り組みを紹介したい。

1. グローカルプログラム

これまで紹介してきた事例のように、途上国において多様な経験をしてきた隊員ＯＶは、地方創生や多文化共生社会の実現に向けて様々な活躍をしている。そのような隊員OVがさらに増え、日本を元気にするような取り組みを行うための一助とすべく、JICAは2022年から協力隊合格者向けの「グローカルプログラム（GP）」を開始した。これはJICA海外協力隊の合格者が派遣前に訓練の一環として、日本の地域社会に3カ月弱入り込み、地方創生や多文化共生社会の取り組みを実体験する研修プログラムである。同時に国内の地域社会と隊員を結び付け、派遣前から相互に関係を築く仕組みづくりでもある。

２０２２年1月の開始から２０２３年12月末までの2年間で12都道府県21地域にて、１５３名が本プログラムを通じて地域活動に従事してきた。プログラム名は、世界（グローバル）と地域（ローカル）を繋げて課題解決に取り組むという意味で造語の「グローカル」から名づけている。

協力隊員は途上国に派遣された後、各国・各地域のローカルな課題解決に取り組むことになるが、協力隊参加者の7割は都市部出身者であり、日本のローカルな課題に直接触れた経験を持つ者は少ない。課題先進国といわれる日本では、全国各地の自治体や団体が、「少子化・高齢化」「都市部への人口集中と地方の過疎化」「外国人材との共生」「災害復興」「気候変動」「環境問題」などの課題解決に取り組んでいる。

そうした自治体や団体で実習をすることは、途上国での活動に直結する実体験となる。特に協力隊員として赴任した際、途上国の地域や組織に〝よそ者〟として受け入れてもらい、そのなかで人間関係をつくり、信頼を得て自らの活動を展開していく必要がある。そのことを疑似体験できるという点からも実践的な研修となっている。加えて、派遣前から日本国内の課題の理解を促すことは、帰国後のキャリア形成や自身が取り組みたい課題の検討材料にもなる。その結果、地域活性化や多文化共生社会づくりを推進する人材となることを期待している。

また、何よりもあたたかく受け入れてもらった地域の方々と隊員との〝縁結び〟の機会となっており、プログラム終了後も繋がりのできた地域とのご縁は継続され、地域にとっても関係人口を増やすことになっていく。地域にとっても隊員が入ることで、地域の良さが再認識されるなど、地域独自の努力だけで対処することが難しい課題が、外からの視点が入ることで解決に繋がることもある。このようなプログラムについて、どのようにして始まったのか、具体的な内容などについて見ていきたい。

■プログラムの始まり

プログラムの本格的な展開のきっかけは、群馬県の西端に位置する高原野菜栽培が盛んな嬬恋村にある。2020年3月、新型コロナウイルスの世界的な感染拡大を受け、途上国で活動していた全協力隊約2000名が76カ国から日本に緊急帰国した。任地に到着したばかりの者、活動がようやく軌道に乗りだした者、帰国間際だった者、それぞれが任国に心を残しながら帰国し、いつ戻れるかわからない状況で待機をすることとなった。活躍の場を失い、不完全燃焼だった彼らに声がかかり実現したプロジェクトが「嬬《つま》キャベ海外協力隊プロジェクト」である。

音頭を取ったのは、本書でもケース7で紹介している矢島氏が立ち上げた、群馬県甘楽町のNPO法人自然塾寺子屋である。協力隊の派遣前研修を20年以上請け負ってきた経験もあり、一時帰国している彼らに対して日本でも何か貢献できる場をつくってあげたいと考えていた。そんな時、同県嬬恋村で外国人の技能実習生が新型コロナウイルスの影響で来日できず、キャベツ農家が人手不足で困っている状況を知り、JICAを通じて待機していた隊員たちに募集をかけた。それに対して11名の隊員が名乗りをあげた。

途上国で地域に飛び込んでいた隊員たちが、嬬恋村の農家や村の住民の方々と良好な関係を築くことに時間はかからなかった。また途上国では自分自身が外国人としてマイノリティ側であった隊員たちは、コロナ禍以前より嬬恋村に滞在していたものの、日本語がわからずコミュニケーションできずに苦しむ海外からの技能実習生にも寄り添うことができた。朝は午前2時から畑に向かい、植え付け・収穫時期は夕方17時まで作業する。そのような厳しい環境のなかでも、周囲と良好な関係を築きながら最後までやり通した隊員たちの姿を見た嬬恋村長をはじめ、農家の皆さんからはプロジェクト終了時に感謝の意が表された。参加した隊員たちも、農家の皆さんや村の皆さんに温かく迎え入れてもらい、繋がりの大切さを感じたり、技能実習生とスポーツなどで交流できた。その結果、嬬恋に帰って来たいなどの声があり、嬬恋村がもう一つの任地になっていた。

「嬬キャベ海外協力隊プロジェクト」は２０２０年10月に終了したが、このプロジェクトは国内をも助けるＪＩＣＡ海外協力隊事業として多数のメディアにも取り上げられた。ＪＩＣＡとして協力隊員が国内の地域に貢献し活躍した実績となり、ＧＰを開始する大きなヒントとなった。

■これまでの実績

このようなきっかけもあり、２０２２年1月よりＧＰを開始し、少しずつ受け入れ地域を拡大している。現在までに20の自治体に合計１５３名の協力隊合格者を受け入れていただいている。

【受け入れ自治体】※（　）内は開始時期と受入数。２０２４年4月時点

北海道上士幌町（２０２３年7月　4名）、北海道釧路市（２０２４年1月　1名）、岩手県

遠野市（２０２３年１月　10名）、岩手県陸前高田市（２０２２年１月　17名）、岩手県釜石市（２０２２年１月　13名）、宮城県岩沼市（２０２３年４月　４名）、秋田県五城目町（２０２３年10月　２名）、群馬県甘楽町（２０２３年４月　８名）、長野県駒ヶ根市（２０２３年４月　７名）、三重県鈴鹿市（２０２４年１月　１名）、鳥取県南部町（２０２２年４月　14名）、島根県海士町（２０２２年１月　25名）、広島県安芸太田町（２０２３年４月　３名）、愛媛県伊予市（２０２３年７月　８名）、愛媛県宇和島市（２０２３年７月　５名）、熊本県熊本市（２０２３年７月　３名）、熊本県八代市（２０２２年４月　１名）、熊本県宇城市（２０２３年７月　３名）、熊本県玉東町（２０２２年４月　13名）、熊本県芦北町（２０２２年１月　９名）、熊本県人吉球磨地域（２０２２年１月　24名）。

　ＪＩＣＡ海外協力隊応募者向けＧＵＩＤＥ「クロスロード　２０２３年別冊」（編集・発行　独立行政法人国際協力機構　青年海外協力隊事務局）（詳細は巻末）のＧＰの記事から、受け入れ自治体の一つである島根県海士町での具体例を見てみよう。

　まずは22年10月から約３カ月間海士町に滞在した篠宮《しのみや》　隼《はやと》さんは、障害者を支援するためにセネガルに赴任予定の青年だ。東京都出身の篠宮さんは以前から地域活性化に関心があり、国内外にこだわらずにゼロから何かをやってみたいとも思っていた。

JICA海外協力隊グローカルプログラム受入自治体

●プログラム目的：
JICA海外協力隊候補者に対して、途上国派遣前の訓練として自治体等が行う地域活性化や多文化共生の取り組み機会を提供することで、協力隊員の課題対応力を涵養するとともに、途上国から帰国後の日本の地域課題解決に貢献できる人材を育成する。
●プログラム期間：75日間
●プログラム実施地域：12都道府県20地域
●プログラム参加者数：延べ175名

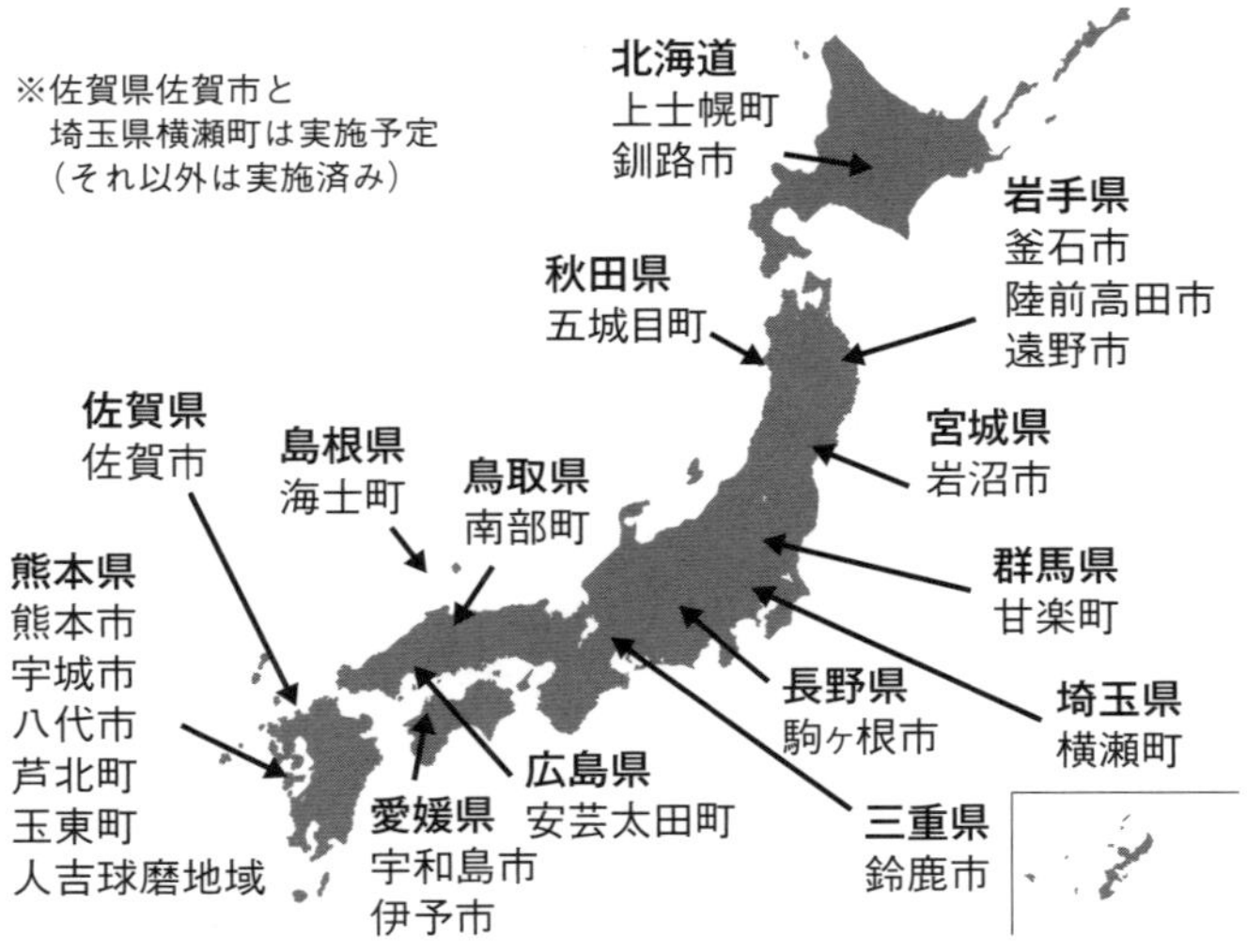

※2024年4月時点

このプログラムに参加するまで東京で特別支援学級に通う小中学生たちの「日中一時支援」を行う企業で現場主任をしていた篠宮さんが、海士町で選択した実習の場は次の通りである。

ご自身の経験を生かした小学校の特別支援学級でのサポート、因屋城という史跡周辺の整備、北分裏山と呼ばれる地域の森を子どもと大人の遊び場や居場所に変えるという三つの活動だ。自身の専門分野や経験と関わりが薄い活動も含まれるが、篠宮さんは「ここに来てよかった」と率直な口調で振り返る。それはグローカルプログラム実習生（以下、GP生）という〝よそ者〟という立場だからこそできることがあったと感じているからだ。

例えば、隠岐の豪族・村上氏の居城とされる因屋城跡に竹や雑木が生い茂っているが、地元の人はその状況に慣れてしまっており、そのことに気づかない、あるいは気づいていたとしてもアクションを起こそうとは思わない。関係者に話をし、許可を得て竹や雑木を伐採した。その過程で、先祖代々にわたって城跡を守ってきた家の当主と出会い、「この場所に光を当ててくれて嬉しい」と感謝の言葉をいただいた。地元の人には見慣れた光景になってしまっているものも、外の人の目から見ると貴重な観光資源。その価値を再発見し、地元の人と協力して整備を進めていくことで篠宮さん自身にも学びがあった。「一人じゃ何もできないので周りを巻き込むこと、目の前の人のために役立てるように考えること、回り道に見える手順もちゃんと踏むこと。よそ者である自分が地域で活動するときに大切なポイントをたくさん学べています。セネガルでも生かせるはずです」と篠宮さんは期待に胸を膨らませてセネガルへ赴任した。

次はホンジュラスで環境教育に取り組む廣瀬《ひろせ》和哉《かずや》さん。ホンジュラスでの活動を見据えて、その地域で生まれ育った人のもとで活動したいと海士町でのGPに参加した。実際、耕作放棄地などを整備する団体を選び、農作業を手伝いながら農産物の販路拡大の手伝いも目指した。

「僕はよそ者だから受け入れてもらうのに時間がかかるだろうと思っていました。でも、海士町の人はすごく優しくて、雨がやんでいるのに傘を貸してくれるぐらい世話を焼いてくれます（笑）」と廣瀬さん。海士町の活動では笑顔で大きな声で挨拶すること、自分が何をどうしたいのかをちゃんと言葉にすることなどを心がけたという。そして、作業を通して地域の輪のなかに入っていけた。この成功体験はホンジュラスでの活動にも役立つに違いない。

海士町は隠岐諸島にあり本州からフェリーで約3時間、典型的な条件不利地域である。かつては若年層の流出など過疎化の危機に直面していた。しかし、町役場が中心となって町を丸ごとブランド化することに取り組み、海産物や隠岐牛のブランド化に成功する。さらに全国からUターンやIターンを受け入れる独自の取り組みを推進。現在は2200人ほどの町の人口のおよそ1割が、町外からやってきた移住者で構成されており、しかも、一般に高学歴と呼ばれる大学を卒業した人や、かつては大企業に勤めていたといったような優秀な人材が、この町に魅力を感じたくさん移り住んできている。

町が重視しているのは移住だけではない。一時的にでも滞在して島を活性化してくれる人たちを「滞在人口」と呼んで推奨している。「入れ替わりでいいので、常に１００人から２００人の若年人口が島に滞在している状態を目指しています。若い人たちが島内のいろんな現場に散らばって活動することで、町が活性化するのです」と町役場の人づくり課で課長を務める濱中《はまなか》香理《かおり》さん（当時）。「ここで生まれ育った僕たちが10年かかってもできないようなことを彼らはやってくれます。誰も寄りつかなかった場所が子どもたちが集まれるスペースに変わったり……。『ＧＰの〇〇くんがここまでやってくれたんだから続けよう』と、地域の人たちが活動をするきっかけにもなっています」と濱中さんはＧＰ生の活動に期待を寄せる。

様々な人が協力すれば地域は少しずつでも着実に活性化していく。ＧＰ生にとっては、途上国でも日本でも変わらない現実を経験する。その経験が派遣国での活動をより有意義なものにして、帰国後の進路選択の助けにもなる。２年間のＪＩＣＡ海外協力隊としての活動を終えて逞しく成長した隊員が、帰国後に海士町などＧＰでお世話になった地域に戻り、次の活動を始めるかもしれない。そのような循環がつくれれば、わずか3カ月弱のGPは参加者・GP受け入れ地域・赴任国にとって「三方よし」の取り組みとなり得る。

そう遠くない将来に日本の社会課題と開発途上国の社会課題は共通するものとなり、双方で知恵を持ち寄りながら課題解決に取り組む時代が来る。また、日本の地域社会の課題は、海外や外国人材と無縁で解決できるものが少なくなっている。外国人材とともに多文化共生社会を築きつつ地域の活性化を図っていく、今の日本の地域社会にはそのようなことが求められている。〝三方よし〟のグローカルプログラムを実施していくことで、開発途上国の課題と日本社会の課題の双方にチャレンジしていく人材を育成していけるのではないか。

2. 隊員OVの社会還元表彰

さて、もう一つ日本の社会課題に取り組むJICA海外協力隊経験者を増やしていく取り組みを紹介したい。GPは社会還元に向けたきっかけづくりであるが、帰国した隊員に直接的に働きかける取り組みもJICAは行っている。JICAが戦略的かつ意識的に社会還元の促進に取り組むにあたって、有識者から「活動中の隊員や隊員OV、支援団体の自主性・

主体性を第一に考え、ＪＩＣＡは隊員ＯＶが活躍できる環境づくりに注力するべき。同時に、途上国での隊員活動は隊員にとって最終ゴールではない点を意識し、隊員や隊員ＯＶが、社会に求められるプロフェッショナル人材となるための多様な出会いや自己研鑽の機会も提供すべき」と、提言いただいた。このことも踏まえ、社会還元の機運醸成、隊員ＯＶを対象とした社会還元のための知識習得や学び合いの機会の提供、起業支援、隊員ＯＶのネットワーキングの促進などに新たに取り組んでいる。その一環として、２０２３年に第１回目となる「ＪＩＣＡ海外協力隊 帰国隊員社会還元表彰」を開催した。その募集概要は次の通りである。

1．目 的

ＪＩＣＡ海外協力隊経験者の社会還元の事例を収集し好事例として広く紹介することで、ＪＩＣＡ海外協力隊経験者による社会還元の機運を高めるとともに、より良い社会の実現を目指す。

2．応募対象

帰国後10年以内のＪＩＣＡ海外協力隊経験者で、国内外、公私問わず社会課題の解決に取り組んでいる方。自薦、他薦不問。

第１回　JICA海外協力隊 帰国隊員社会還元表彰

（2023年4月20日発表）

♛大　賞

徳島 泰（フィリピン／デザイン／2012年度1次隊）／インスタリム株式会社 代表取締役CEO

授賞理由　世界初となる義足の３Ｄ製造技術の開発・超低価格での提供により、社会参加が阻まれている世界中の人々を救う取り組みで、その独創性やインパクトの大きさを評価した。

アントレプレナーシップ賞

加藤菜穂（ラオス／コミュニティ開発／2017年度3次隊）／siimee代表・デザイナー

授賞理由　ラオスの伝統的織物を素材とした服飾ブランドを立ち上げ、顧客目線の高い付加価値を売りとすることで事業の持続性を担保し、生産者の収入向上と事業継承に取り組んでいる。

アントレプレナーシップ賞

木下一穂（ルワンダ／野菜栽培／2012年度3次隊）／RWA MITTU Ltd. 代表

授賞理由　豚やナッツという現地にあるものを使い、現地政府機関や日本の学校とも技術連携し、独創的な循環型農業を実現。現地従業員が安心して働ける環境も提供している。

地域活性化賞

奥 結香（マレーシア／障害児・者支援／2014年度2次隊）／NPO法人Teto Company 理事長

授賞理由　隊員の活動を通じて「ひとりぼっちのいない地域・社会をつくる」という人生の目標を定め、学校や病院、行政、地域住民を巻き込みながら誰もが集える居場所を運営。

国際協力キャリア賞

砂原遵平（マラウイ／コミュニティ開発／2014年度1次隊）／アフリカ連合開発庁 インフラアドバイザー

授賞理由　アフリカの発展と日本の国益の双方に資する活動をキャリア形成の軸に定めて国際機関などで勤務している点が国際協力分野で活躍を目指す協力隊員の規範になり得る。

SDGs実践賞

平野耕志（ザンビア／村落開発普及員／2011年度4次隊）／キウイフルーツカントリーJapan 代表

授賞理由　故郷でキウイフルーツ観光農園を経営し循環型農業を実践。海外での指導や研修生の受け入れ、体験農場での社会教育など、持続可能な農業の実践と人材育成に貢献。

多文化共生賞

牧 ちさと（ケニア／障害児・者支援／2016年度1次隊）／「外国につながりのある児童・生徒への支援を考える会」発起人の１人、公立校職員

授賞理由　協力隊経験のある教員や行政など様々な主体を結び付け、特別支援学校や特別支援学級における外国に繋がりのある児童・生徒と保護者の支援体制を構築している。

現職参加発展賞

日比野ともみ（ヨルダン／音楽／2012年度1次隊）／ヤマハ株式会社

授賞理由　現職参加後、音楽教育が未発展の国で楽器を使った音楽教育を普及させる事業「スクールプロジェクト」を推進。事業拡大と途上国の開発教育の双方に貢献している。

第2回　JICA海外協力隊 帰国隊員社会還元表彰

（2024年4月19日に受賞者が発表され、6月9日の表彰式で大賞が決定）

♛ 大　賞／アントレプレナーシップ賞

栗野泰成（エチオピア／体育／2014年度2次隊）／一般社団法人チョイふる 代表理事

授賞理由　東京都足立区で食料品の無料配達を通じて孤立しがちな困窮子育て家庭と繋がり、地域住民や専門機関等と連携して既存の支援に結びつけている。ボランティアが参加しやすい仕組みの構築も。

アントレプレナーシップ賞

小柳真裕（カンボジア／青少年活動／2014年度1次隊）／ACNC認定「Tuk Tuk for Children」理事

授賞理由　カンボジア国内でローカル団体Rermork for Childrenとして幼稚園教諭へのワークショップ、1200点以上の教材の制作・普及などを行う。教材ウェブサイト・Rermorkには10万人以上がアクセスする。

地域活性化賞

浅野拳史（ルワンダ／理科教育／2015年度1次隊）／株式会社マキノハラボ 代表取締役

授賞理由　静岡県牧之原市にある廃校を「新たな教育・人づくり・まちづくりの拠点」とし、施設活用、宿泊・企業研修、外国籍児童への初期支援教室、スマート農業、まちづくり等で住民を巻き込みながら地域活性化に取り組む。

地域活性化賞

東 恵理子（バングラデシュ／コミュニティ開発／2013年度3次隊）／株式会社東美濃ビアワークス 代表取締役

授賞理由　人口が減少している岐阜県瑞浪市釜戸町にUターンし、地域の独自性を活かした体験コンテンツとしてのクラフトビールを醸造。地元食材を使ったビール造りや工場併設ビアバーの開設などで町の関係人口拡大、移住促進も。

ボランティア活動を通じた社会還元実践賞

江川裕基（ブルキナファソ／環境教育／2017年度2次隊）／NPO法人クリーンオーシャンアンサンブル 代表理事

授賞理由　香川県小豆島を拠点に、海洋ごみ回収装置の開発、分別型ビーチクリーン、ごみ再利用を推進。海洋ごみMAPを活用し、地元漁師と共同して海洋ごみ回収に取り組む。多くのボランティアの参加や企業・漁業関係者との共同で海洋ごみ問題解決に貢献。

多文化共生賞

香川沙由理（マラウイ／看護師／2012年度3次隊）／成田赤十字病院　看護師

授賞理由　成田赤十字病院の国際診療支援室に勤務し、外国人患者・家族の支援、それに関わる看護師の支援として、看護師を対象にした外国人患者に関連する情報の発信や異文化看護に関する講義を実施。

第1回目は応募件数107件、第2回目は応募件数49件（ともに他薦含む）で、なかには帰国後10年を過ぎて応募資格外だが、自分の取り組みを紹介したいと応募書類を送ってくれた隊員OVもいた。

応募のあった取り組み事例は、社会課題（誰一人取り残さない社会の実現、子どもの教育、健康、地域活性化、外国人市民との共生など）、関わり方（起業して事業主として、会社・団体の従業員として、地域活動のボランティアとしてなど）、取り組む場所（国内、海外、海外と日本と繋げてなど）も多岐にわたり、派遣中の活動が多様であるように、帰国した協力隊員が様々な地域と分野でそれぞれの経験を生かしていることが改めて確認された。また、独創的な取り組みであるものの、取り組みを始めてから間もないため未だ成果が現れていないものなど、今後の発展が期待されるものも多く見られた。

254ページと255ページにわたり、第1回と第2回の受賞者の一覧と授賞理由を紹介した。第1回目大賞受賞の徳島さん、地域活性化賞受賞の奥さん、第2回目大賞受賞の栗野さんの取り組みは本書で紹介しているが、各受賞者の取り組みは、JICAウェブサイトなどで公開されているほか、マスメディアでも取り上げられている。JICA海外協力隊は派遣国の社会経済の発展に貢献することを通じて参加した一人ひとりを成長させ、帰国後に日本の社会課題の解決に貢献していることを一人でも多くの方に知っていただけるとありがた

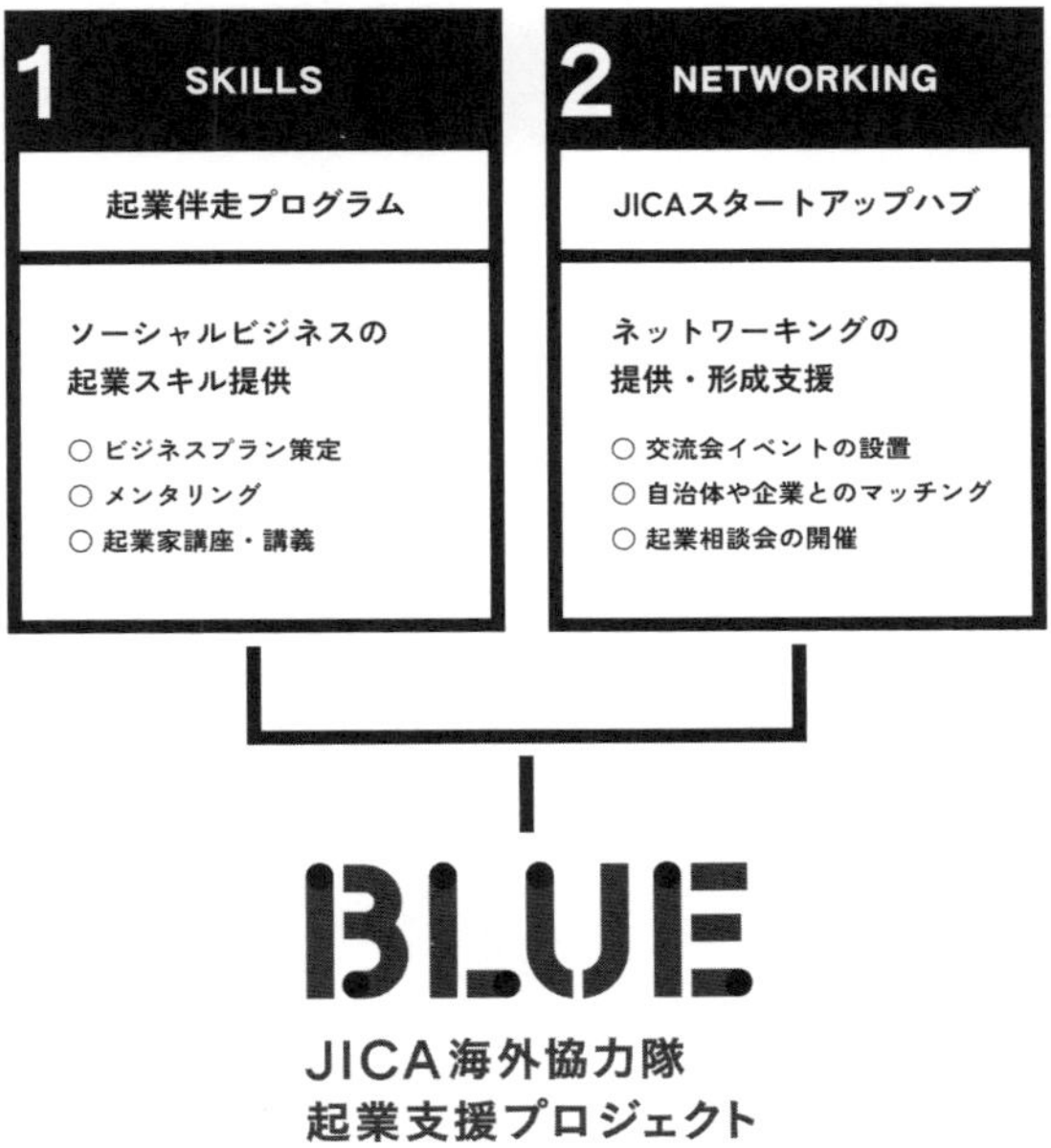

い。また、それにより、新たにＪＩＣＡ海外協力隊に参加することによって社会課題解決に取り組みたい、ＳＤＧｓへ貢献したいというチャレンジ精神を持った若者を増やしていきたいと考えている。

そのような若者をさらに応援するために、隊員ＯＶを対象としたソーシャルビジネスの起業を支援する「ＪＩＣＡ海外協力隊　起業支援プロジェクトＢＬＵＥ」を新たに２０２４年から開始している。

これは帰国隊員でソーシャルビジネスの起業を志す方に対して、起業伴走支援プログラムなどを提供するものである。もちろん起業することだけが社会還元ではないが、そのような選択肢が帰国後にあるということ、そのような若者を我々が応援したいと思っていることを知っていただきたい。

また、途上国の最前線で活躍する協力隊員や、本書で取り上げたような帰国後に社会課題の解決に取り組む隊員ＯＶを多くの方に支援していただけるよう、「ＪＩＣＡ海外協力隊応援基金」を立ち上げた。寄附という形で協力隊事業に参加されたい方、隊員の活動や社会還元を応援したい方は、是非ウェブサイトをご覧いただきたい。

〈ウェブサイト案内〉

JICA海外協力隊公式
https://www.jica.go.jp/volunteer/

JICA海外協力隊 グローカルプログラム
https://www.jica.go.jp/volunteer/glocal_program/

JICA海外協力隊 起業支援プロジェクト BLUE
https://blue.jica.go.jp/

JICA海外協力隊応援基金
https://www.jica.go.jp/activities/schemes/partner/private/kifu/kyoryokutai.html

「クロスロード」

独立行政法人国際協力機構（JICA）青年海外協力隊事務局が編集・発行するJICA海外協力隊の情報を盛り込んだ冊子。現役隊員が活動を円滑に行うための情報などを提供する通常号、帰国隊員に向けた別冊、これからJICA海外協力隊を目指す方に向けた別冊（P.247で紹介）があり、JICA海外協力隊ウェブサイトでも公開している。

https://www.jica.go.jp/volunteer/outline/publication/pamphlet/crossroad/

編著者プロフィール

橘　秀治（たちばな　ひではる）

PHOTO：阿部純一

独立行政法人国際協力機構（JICA）青年海外協力隊事務局長。大学卒業後、金融機関勤務を経て、1997年に青年海外協力隊に参加。市場調査の職種でインドネシアのスラウェシ州バル県の５つの村の総合開発に取り組む。1999年国際協力事業団（現JICA）入構。米国事務次長、総合企画課長、総務部審議役、企画部イノベーション・SDGs推進室長などを経て、2022年12月より現職。

―その他執筆者―

秋山真由美（あきやま　まゆみ）

美術大学を卒業後、ＣＭ制作会社、映画雑誌編集部を経て、ライター・編集者として活動。ビジネス、教育、アート関連の記事を中心に、取材に基づいた幅広いジャンルの執筆・編集を手掛けている。

池田純子（いけだ　じゅんこ）

新しい〝生き方〟のヒントが見つかるインタビューサイト「いま＆ひと」主宰。ライター・編集者として、暮らしや生き方、子育て、ビジネス等にまつわる幅広い雑誌記事の執筆や書籍制作などに携わる。

大宮冬洋（おおみや　とうよう）

フリーライター。愛知県蒲郡市在住。ビジネスから婚活まで、人との出会いを大切に、幅広いジャンルの記事を執筆。著書に『人は死ぬまで結婚できる～晩婚時代の幸せのつかみ方』ほか。

干川美奈子（ほしかわ　みなこ）

「クロスロード」誌の元編集長。JICA海外協力隊編集職種技術専門委員。これまでに編集者・ライターとして、児童、子育て、ビジネス、旅行など、幅広い雑誌・書籍制作に携わる。本書の編集協力も行う。

編集協力

一般社団法人協力隊を育てる会（クロスロード編集室）

民間の立場で広く国民に青年海外協力隊事業への理解を求め、協力隊事業に対する民間の支援の輪を広げていくことを目的として1976年に発足。47都道府県２市にてそれぞれ活動する、JICA海外協力隊の応援団。1978年より「クロスロード」の制作協力も行う（2024年6月現在）。

JICA海外協力隊から社会起業家へ
共感で社会を変えるGLOCAL INNOVATORs

2024年９月15日　初版第１刷発行

編著者　橘 秀治
発行者　瓜谷 綱延
発行所　株式会社文芸社
〒160-0022　東京都新宿区新宿１－10－１
電話　03-5369-3060（代表）
03-5369-2299（販売）

印刷所　TOPPANクロレ株式会社

ISBN978-4-286-25733-4